LES

DÉFORMATIONS

DU

DROIT DES GENS

en Allemagne avant la Guerre

A MES CAMARADES DE L'X

morts pour la France

Gaston COMBESCURE
ANCIEN ÉLÈVE DE L'ÉCOLE POLYTECHNIQUE
LIEUTENANT D'ARTILLERIE

LES DÉFORMATIONS DU DROIT DES GENS en Allemagne avant la Guerre

DIJON
IMPRIMERIE Vve PAUL BERTHIER
12, rue Berbisey, 12

1918

INTRODUCTION

La guerre actuelle, déclenchée par un événement tout à fait secondaire, l'assassinat du grand-duc héritier d'Autriche, a été pour nous, Français, une véritable surprise ; et depuis qu'elle est déchaînée, que de surprises nous avons encore eues : violation de la neutralité du Luxembourg et de la Belgique ; mépris des lois de la guerre ; destructions et pillages méthodiques ; rideaux de civils belges ou français devant les troupes allemandes ; troupes qui feignent de se rendre et tirent ensuite sur les soldats qui se sont approchés sans méfiance ; massacres de civils et de prisonniers ; gaz asphyxiants ; troubles fomentés dans les pays ennemis ; et combien d'autres encore.

Que de surprises ! Et cependant, quand on lit, après coup, les ouvrages allemands antérieurs à la guerre, tout se trouve expliqué. Juristes, militaires, historiens, romanciers, tous sont d'accord pour concevoir la guerre telle qu'elle nous a été réellement faite, et tout ce qui nous a étonnés depuis l'attentat de Serajevo se trouve dans leurs écrits, ébauché chez les uns, décrit en détail chez les autres. Nous aurions pu tout prévoir, mais nous ne voulions pas croire à une guerre, surtout à une guerre aussi sauvage et aussi peu civilisée dans l'Europe du xxe siècle. Une confiance exagérée dans la sagesse des peuples, dans le bon sens de l'humanité, nous faisait nier l'évidence. Nous ne voulions voir dans Treitschke, Bernhardi, Tannenberg, que des chauvins isolés, dont les ouvrages étaient sans portée. La guerre nous a montré que tout le peuple allemand pensait comme eux, et que l'Allemagne se conduisait suivant leurs prédictions, ou plutôt suivant leurs conseils. Qu'on lise cette page du général von Bernhardi, écrite dans l'automne 1911 :

« Quand on néglige toutes les conditions politiques, on peut se représenter une guerre offensive de l'Allemagne contre la France, telle que l'aile nord de l'armée allemande avancerait avec des armées échelonnées à travers la Hollande et la Belgique, l'extrême aile droite marchant le long de la mer, tandis que, dans le sud, les forces allemandes esquiveraient le choc de l'adversaire et se déroberaient par l'Alsace et la Lorraine vers le nord, pour laisser à l'adversaire la route libre sur l'Allemagne du Sud. La marche par échelons de l'aile marchante allemande contraindrait l'aile gauche de l'armée adverse à un grand changement de front, et la mettrait par cela seul dans une situation désavantageuse ; et au sud, les Français seraient obligés de faire aussi une conversion à gauche, qui les placerait dans une situation désavantageuse par rapport à leur base. On aurait donc gagné, au point de vue stratégique, ce que le Grand-Frédéric obtint à Lenthen au moyen de son attaque échelonnée.

« Un succès des Allemands au nord les amènerait immédiatement à Paris et troublerait les organes vitaux de l'armée française bien avant qu'elle eût obtenu dans l'Allemagne du Sud des succès décisifs. En pareil cas, la situation de l'armée française, ayant pénétré dans l'Allemagne du Sud, serait plutôt fort inquiétante, car ses lignes de retraite seraient gravement menacées par le nord (1). »

N'est-ce pas frappant? Et n'est-il pas frappant aussi de savoir que la célèbre brochure de Bernhardi, *Unsere Zukunft* (Notre Avenir), qui date de 1912, était en vente à Berlin, au printemps de 1915, avec cette réclame : « Der Schlüssel zum Verständniss des gegenwärtigen Krieges (La Clé de la guerre actuelle) » (2) ?

On a souvent dit que, dans la guerre actuelle, l'Allemand était plus barbare, plus sauvage qu'en 1870. C'est qu'en 1870 l'Allemand avait fait preuve de magnanimité et de modération. C'est, sinon notre opinion, tout au moins celle du maréchal de Moltke : « C'est avec une modération dont on a peu d'exemples dans le passé que nous avons mené notre dernière guerre contre la France » (3). C'est aussi l'opinion du général von Bernhardi : « Seules, la défaite écrasante de la Prusse en 1806, et sa résurrection dans

(1) BERNHARDI, *La Guerre d'aujourd'hui*, t. II, p. 337.

(2) DE DAMPIERRE, *L'Allemagne et le droit des gens*, p. 84.

(3) Lettre à Bluntschli, du 11 décembre 1880.

la glorieuse année 1813, permettent de mesurer les sacrifices qu'une guerre d'aujourd'hui exigerait, et les violences qu'un peuple aura peut-être à supporter si la lutte aboutit à une défaite et à une invasion étrangère. Si la France, en 1870-71, n'a rien eu de tel à souffrir, elle le doit à la façon magnanime et humaine dont nous avons conduit la guerre. Mais on ne peut certes pas compter que d'autres peuples mettront en pratique une morale aussi élevée » (1).

Et l'Allemagne aurait eu à cela d'autant plus de mérite que le Droit des gens aurait été inconnu des Français. Ainsi, nos soldats français n'auraient connu que très vaguement la Convention de Genève : « Mais un certain nombre de lacunes du traité (Convention de Genève de 1864) sont devenues évidentes pendant la guerre franco-allemande de 1870-71. Avant tout, il y a lieu de constater combien le traité était peu connu dans l'armée française, et combien il est indispensable de faire porter sur les principes du droit international l'instruction militaire des officiers et des soldats » (2).

Dans cette étude, je laisserai de côté les théories pangermanistes et la mission sacrée qui était dévolue au peuple allemand « prédestiné au rôle de conducteur spirituel » (3) des autres peuples. J'étudierai certains points du Droit des gens, du Droit de la guerre, pour montrer combien ils étaient déformés

(1) Bernhardi, *La Guerre d'aujourd'hui*, t. I, p. 54.
(2) Bluntschli, *Droit international codifié*, art. 586, note 2.
(3) Bernhardi, *L'Allemagne et la prochaine guerre*, p. 69.

en Allemagne avant la guerre, combien ils différaient des opinions admises et des conventions de La Haye, et comment ils expliquent la conduite des Allemands depuis juillet 1914.

Je me propose de démontrer que les Allemands considèrent la guerre comme une fonction essentielle de l'Etat, une exigence morale et même religieuse, un facteur indispensable de la civilisation ; que cette conception, si contraire au Droit des gens des autres nations et si dangereuse pour la paix générale du monde, fait partie intégrante de la mentalité de toutes les classes du peuple allemand, et qu'il serait dangereux pour le monde entier d'accepter une paix prématurée, avant que de pareilles idées aient complètement disparu.

CHAPITRE Ier

Le Droit des Gens

Le Droit des gens n'est pas un droit nettement défini, ni parfaitement uniforme. Il varie suivant le degré de civilisation, les institutions et les mœurs des pays qui entrent en relations. Le Droit des gens, que les nations civilisées pratiquent entre elles, n'est pas celui qu'elles pratiquent dans leurs rapports avec les États d'Extrême Orient ou les tribus sauvages de l'Afrique ; le Droit des gens, pratiqué dans une guerre européenne, ne ressemble qu'assez peu à celui que l'on pratique dans une expédition coloniale. Même entre peuples également civilisés, d'institutions et de mœurs analogues, le Droit des gens peut différer sur certains points. Par exemple, les États-Unis n'ont pas adhéré à la déclaration du 15 avril 1856, qui abolissait la course dans la guerre maritime ; par conséquent, la course, illicite dans une guerre franco-allemande, est licite dans une guerre entre les États-Unis et l'Allemagne. Mais, ces divergences sont peu nombreuses et relativement peu importantes.

A la suite des différentes conventions et des traités,

il s'est établi une conception sensiblement uniforme du Droit des gens des nations civilisées, il n'y avait pas avant la guerre de différence sensible entre les doctrines enseignées à Paris, à Oxford, ou à Heidelberg.

Il existait cependant en Allemagne une conception du Droit des gens très différente de la conception admise, de la conception officielle que l'on enseignait dans les Universités et qui, elle, était tout à fait régulière. Quelques phrases de juristes auraient cependant pu éveiller un peu de méfiance et faire pressentir « le Boche » sous le savant professeur ; ainsi, Holtzendorff disait dans ses *Éléments de Droit International ;*

« Mais il n'est pas toujours facile de tirer la ligne de démarcation entre les actes qui sont permis par les usages de guerre et ceux qui doivent être flétris comme arbitraires et contraires au droit et à l'humanité (1). »

Le Droit de la guerre serait donc une chose bien vague, et les désillusions seraient inévitables pour ceux qui auraient la naïveté de croire en lui. Mais ces phrases étourdies étaient rares, et la doctrine des juristes allemands ne différait guère de la doctrine française.

La conception du Droit des gens que l'on avait vraiment en Allemagne, celle que nous voyons chez les historiens, les militaires, les romanciers, en dif-

(1) Holtzendorff, *Eléments de droit international*, p. 168.

fère énormément. Et il faut remarquer que c'est elle qui depuis la guerre est devenue officielle, car elle était la doctrine officielle du grand État-Major allemand, et avait été publiée par ses soins avant la guerre. Son point de départ est toujours le même ; un État, comme l'État Allemand, est trop puissant pour supporter les moindres entraves, et ce qui le gêne ne doit plus exister.

§ 1. — Le Droit des Gens d'après l'historien Heinrich von Treitschke

Le Droit des Gens règle les rapports entre les différents États. Mais ces États sont souverains ; et pour Treitschke, la seule chose qui importe vraiment, c'est la Souveraineté de l'État ; la Souveraineté des autres États et le Droit des gens ne viennent qu'en deuxième lieu. L'essence de l'État, c'est sa puissance ; tous ses efforts ne doivent tendre qu'à sauvegarder sa puissance et à l'augmenter.

Le Droit des gens n'a de valeur qu'autant qu'il ne touche pas à la souveraineté de l'Etat, et en dehors de ce champ restreint, il ne peut avoir qu'une force très réduite.

« Si l'on ne veut pas se tromper sur la signification du Droit des gens, il ne faut pas perdre de vue que tout Droit des gens ne doit pas toucher à l'essence de l'Etat (c'est-à-dire à sa puissance). Il n'est pas raisonnable de demander à l'Etat de se suicider.

L'Etat doit rester souverain dans la Société des Etats, la garde de sa souveraineté est son plus haut devoir dans ses rapports avec les autres Etats. Aussi, il n'y a de solide dans le Droit International que ce qui ne touche pas à la souveraineté, le cérémonial et le Droit International privé... La puissance de l'Etat doit se dresser fière et brillante, et il ne doit pas la laisser contester. Si l'on touche à son drapeau, il a le devoir de demander satisfaction, et s'il ne réussit pas, de déclarer la guerre (1). »

Ce qui veut dire très nettement qu'on ne doit compter avec le Droit des gens qu'autant qu'il ne gêne pas l'Etat, non seulement dans son existence et son développement normal, mais encore dans ses aspirations, dans ses ambitions et dans tout ce dont sa puissance le rend capable. Le Droit des gens, d'ailleurs, varie suivant les Etats et leur force. Les Etats puissants auront une conception favorable à leur force, tandis qne les Etats faibles préconiseront une doctrine qui viendra en aide à leur faiblesse. Qui croire ? On s'en rapportera à la pratique, et on n'accordera d'importance au Droit des gens que si l'on traite d'égal à égal :

« Gortschakoff a dit avec raison que la valeur des dernières conférences du Droit International ne serait augmentée ni par les peuples qui craignent toujours d'être attaqués, ni par les nations toutes puissantes (übermächtig) qui se croient toujours en mesure d'attaquer. C'est une parole frappante que

(1) Treitschke, *Politik*, t. II, p. 549-550.

des exemples vivants viennent éclairer. Dans les pays comme la Belgique et la Hollande qui, par malheur pour la science du Droit des gens, sont devenus le pays de l'enseignement du Droit des gens, il se forme, parce qu'ils craignent toujours d'être attaqués, une conception sentimentale du Droit des gens; on s'habitue à imposer au vainqueur au nom de l'humanité des exigences contraires à la puissance de l'Etat, et qui ne sont ni naturelles, ni raisonnables.

« Les traités de Nimègue et de Ryswick montrent qu'au XVIIe siècle la Hollande était l'école de la haute politique. Puis ce fut la Suisse. Et aujourd'hui, peu de gens songent combien il est ridicule que la Belgique se sente le centre de la science du Droit des gens.

« De même que le Droit international est basé sur la pratique, de même un Etat qui a une situation anormale ne peut avoir qu'une conception anormale du Droit des gens.

« La Belgique est neutre, elle est donc incomplète, et c'est dans cet Etat que se ferait un Droit des gens sain ! N'oubliez pas cela, je vous prie, quand vous vons trouverez plus tard en présence de l'énorme littérature belge sur ce sujet.

« Il y a au contraire un autre État, qui se croit en mesure de toujours attaquer, et qui est par suite le siège de la barbarie dans le Droit International. C'est par la faute de l'Angleterre que dans le Droit international maritime en temps de guerre persiste la situation privilégiée faite à la piraterie. Nous en arrivons donc à conclure que dans le Droit international tout repose sur la réciprocité, et que l'on n'a pas le droit de regarder comme générales les tirades humanitaires et les doctrines des États ; toute théorie ne doit pas perdre de vue la pratique et doit supposer une véritable réciprocité, c'est-à-dire un véritable équilibre des puissances (1). »

§ 2. — Le Droit des gens d'après les écrivains militaires : Clausewitz

Le général Karl von Clausewitz, qui avait pris part aux guerres du Premier Empire et dirigé ensuite l'*Allgemeine Kriegsschule* de Berlin, a condensé son expérience et son enseignement dans son fameux ouvrage *Vom Kriege* (De la Guerre), paru en 1832.

Le Droit des gens l'intéresse assez peu, car il le considère presque comme inexistant. Il en parle à peine, mais le peu qu'il en dit ne manque pas de saveur :

« La guerre est un acte de violence qui a pour but de contraindre l'ennemi à accomplir notre volonté. La violence se prépare des armes à l'aide des inventions des arts et des sciences, afin de s'opposer à la violence. Des limitations imperceptibles, à peine dignes d'être mentionnées, et *qu'elle s'impose à elle-même* sous le nom de Droit des gens, accompagnent cette violence, sans l'affaiblir notablement. La vio-

(1) *Politik*, t. II, p. 548-549.

lence est donc le moyen. Le but est d'imposer notre volonté à l'ennemi (1). »

Et ces limitations imperceptibles, que la violence s'impose à elle-même, ce n'est pas l'humanité qui les fait établir, car « si des peuples civilisés ne donnent pas la mort aux prisonniers, ne détruisent pas les villes et le pays, c'est qu'il y a plus d'intelligence mêlée à leur manière de faire la guerre ; et cette intelligence leur a appris des moyens plus efficaces d'user de violence que les manifestations grossières de l'instinct » (2).

Ces opinions ont près d'un siècle ; mais elles ont cependant leur valeur à cause de l'influence très grande de Clausewitz sur les générations suivantes.

Voici ce qu'écrivait sur lui en 1905 le général von Schlieffen, qui fut avant la guerre chef du grand Etat-Major allemand : « Sa doctrine est, dans le fond et dans la forme, ce qui a jamais été dit de plus élevé sur la guerre..... De cette doctrine, bien des principes ont passé dans nos règlements. Quiconque chez nous enseigne la guerre, emprunte, aujourd'hui encore, plus ou moins à Clausewitz, et puise à cette source intarissable de pensée » (3). Et l'on retrouve aujourd'hui l'influence de Clausewitz sur les milieux militaires, non seulement dans la tactique et la stra-

(1) Clausewitz, *Vom Kriege*, cité par Andler dans *Les Usages de la guerre et la Doctrine de l'Etat-Major allemand*, p. 49.

(2) Clausewitz, *op. cit.*, t. I, p. 7, cité par Andler, *op. cit.*, p. 50.

(3) Préface à la 5e édition de *Vom Kriege*, p. 4, cité par Andler, *Les Usages de la guerre et les Doctrines de l'Etat-Major allemand*, p. 48.

tégie, mais aussi dans leur conception du Droit des gens et du Droit de la guerre.

Nous reverrons des idées analogues aux siennes chez le général von Hartmann et dans la publication officielle *Kriegsbrauch im Landkriege.*

Hartmann

Le général Julius von Hartmann a fait les guerres de l'unification de l'Allemagne et ses idées ont été exprimées sous le titre : *Militärische notwendigkeit und Humanität* (La Nécessité militaire et l'Humanité) », dans la *Deutsche Rundschau* (t. XIII, XIV, 1877, 1878).

Pour Hartmann, le Droit des gens existe, il exerce son action en temps de paix, il doit intervenir pour éviter des guerres ; mais une fois que la guerre est déclarée, il passe au second plan, bien loin derrière les nécessités militaires : « *La liberté absolue de l'action militaire en temps de guerre est la condition indispensable des succès militaires.*

« Tel est le principe que les milieux exclusivement militaires devront opposer à toute tentative d'entraver l'action par un droit militaire international..... C'est une illusion gratuite que de méconnaître que la guerre d'aujourd'hui exige beaucoup plus de brutalité, beaucoup plus de violence et une action beaucoup plus générale que ce ne fut jamais le cas autrefois..... La guerre moderne emploie des moyens trop colossaux, tant en hommes qu'en matériel de guerre, elle provoque une tension trop générale du bien-être national, elle dispose d'une façon trop absolue de toutes les ressources des Etats, pour ne pas exiger impérieusement aussi, comme conséquence inéluctable, l'usage sans restriction de toutes les forces guerrières qu'elle met en ligne. La puissance réelle de la guerre est si souveraine que les lois qu'elle se prescrit à elle-même n'ont pas besoin de chercher leur justification en dehors de sa sphère même. Les conditions d'où naissent les mesures militaires sont presque absolument contraires à celles qui déterminent la légalité en temps de paix. Si l'on considère les terreurs que la guerre traîne à sa suite, on ne la déclarera qu'avec crainte et tremblement. Toutefois, cette résolution prise, il faut en tirer les conséquences avec une entière clarté, et sans aucune timidité. Ces conséquences, évidemment, sont effroyables ; c'est pourquoi il est à souhaiter qu'on tâche, par tous les moyens dont dispose un Droit international généralisé et respecté, d'éviter la guerre, le plus cruel fléau des peuples ; mais, la guerre déclarée, seules les exigences de la nécessité militaire ont force de loi (1). »

Les conditions de la guerre ne permettent pas au Droit des gens d'y avoir une bien grande autorité : « Les maximes des juristes éprouvés, les solutions appuyées sur des précédents ne pourront guère acquérir une valeur d'autorité dans le Droit de la

(1) Hartmann, *Deutsche Rundschau*, t. XIV, p. 89-90, cité par Andler, *op. cit.*, p. 61.

guerre, parce que la guerre ne se déroule pas sur un terrain de droit spécifiquement défini, parce que les situations militaires sont, de soi et par nature, d'une contexture toujours variable ; enfin, parce qu'elles sont l'objet d'une appréciation personnelle qui, aux fins d'une décision à prendre, ne peut reconnaître d'autre loi que celle de la nécessité militaire » (1).

C'est toujours la nécessité militaire qui décidera en dernier lieu ; mais on sera humain dans la mesure du possible.

« Il s'agira d'équilibrer la nécessité militaire et les exigences de l'humanité ; tantôt l'un l'emportera, tantôt l'autre. L'essentiel était de leur donner à toutes deux un moyen d'action, de créer des organes propres à leur donner simultanément satisfaction, en tenant compte pleinement de la situation militaire et de ses exigences.

« En cas de conflit, toutefois, c'est toujours la nécessité d'atteindre un but stratégique déterminé qui décidera en dernier ressort (2). »

Et c'est l'autorité militaire qui décidera elle-même quels sont les droits qu'elle doit respecter : « Il ne peut y avoir de droits, dont l'autorité militaire aurait à respecter le maintien, que dans la mesure *où cette autorité consent elle-même pour sa part à les admettre, à les reconnaître et à les maintenir*. La guerre interrompt comme par explosion l'état de légalité ordinaire à la paix et suspend pour son action propre

(1) Hartmann, *op. cit.*, t. XIII, p. 471 ; — Andler, *op. cit.*, p. 64.
(2) Hartmann, *op. cit.*, t. XIV, p. 76 ; — Andler, *op. cit.*, p. 70.

toutes les règles juridiques qu'assignerait la paix. Si l'autorité militaire se reconnaît des devoirs, c'est qu'elle se les impose à elle-même en toute souveraineté. Elle ne se considère jamais comme contrainte du dehors (1). »

Le Droit des gens n'aura à intervenir en temps de guerre que pour les infractions dans la conduite individuelle des soldats :

« Sans doute, le Droit des gens veut, par sa doctrine, restreindre les rigueurs et les épouvantes de la guerre, tandis que l'autorité militaire aspire, dans sa sphère, à rendre son instrument stratégique plus puissant, plus tranchant, afin d'en porter des coups d'autant plus sensibles. Mais si contradictoire que cela semble, les deux tendances se satisfont par les mêmes moyens, et le réalisme militaire peut ici, en toute confiance, tendre la main à l'idéalisme juridique. Il faut seulement alors que le premier insiste sur la condition suivante : le Droit militaire, lui aussi, doit reconnaître d'une façon précise la distinction entre l'action militaire et la conduite individuelle des soldats.

« C'est au sujet de cette conduite seulement qu'on pourra se mettre d'accord. En ce qui concerne l'action guerrière au contraire, le réalisme militaire exige absolument, dans son intérêt exclusif, d'avoir le pas sur toutes les exigences qu'un Droit international scientifiquement constitué pourrait désirer faire valoir (2). »

(1) Hartmann, *op. cit.*, t. XIII, p. 124 ; — Andler, *op. cit.*, p. 61.
(2) Hartmann, *op. cit.*, t. XIII, p. 118 ; — Andler, *op. cit.*, p. 69.

Nous retrouvons toute l'idée de Clausewitz : Le Droit des gens, à la guerre, n'intervient que pour suggérer quelques limitations à l'emploi de la violence ; mais ces limitations ne sont jamais décidées que par l'autorité militaire elle-même.

Bernhardi

Le Général Friedrich von Bernhardi, surnommé en Allemagne le « nouveau Clausewitz », était avant la guerre un des familiers du Kronprinz et il a commandé une armée dans l'Est au début de la campagne, Il a publié trois ouvrages : *Vom keutigen Kriege (La Guerre d'aujourd'hui, 1911) ; Deutschland und der nächste Krieg (L'Allemagne et la prochaine guerre, 1913) ; Unsere Zukunft, ein Mahnwort an das deutsche Volk* (Notre avenir, un mot d'avertissement au peuple allemand, 1912).

C'est à peine s'il prononce le mot de Droit des Gens dans ses ouvrages. Mais voici le principe qu'il formule : « La conscience du Droit des Gens a acquis dans l'état actuel de la civilisation une telle puissance qu'on ne peut impunément le perdre tout à fait de vue (1). »

Et dans ses trois ouvrages, il nous montre que, sans perdre tout à fait de vue le Droit des gens, on pourra bien s'en éloigner. Voici par exemple un conseil de loyauté internationale : « Si nous attaquons la France ou la Russie, l'alliée serait obligée

(1) Bernhardi, *Notre Avenir*, p. 52.

de venir à la rescousse, et nous nous trouverions dans une position beaucoup plus défavorable que si nous avions à combattre un seul ennemi. C'est l'affaire de notre diplomatie de brouiller les cartes de telle façon que nous soyons attaqués par la France, parce qu'il y aurait quelque chance de voir la Russie rester provisoirement neutre » (1).

Et nous verrons plus loin, à propos des traités et de la neutralité, comment il continue à appliquer son principe.

§ 3. — Le Droit des gens d'après le grand Etat-Major allemand

La doctrine du grand Etat-Major allemand sur le Droit des gens et le Droit de la guerre se trouve nettement exprimée dans un ouvrage officiel paru à Berlin en 1902, trois ans après la première Conférence de La Haye. Or, par l'article 5 de la Convention du 29 juillet 1899, les puissances contractantes, l'Allemagne en particulier, s'étaient engagées « à donner à leurs forces armées de terre des instructions qui seront conformes au Règlement concernant les lois et coutumes de la guerre sur terre, annexé à la Convention du 29 juillet 1899 ».

Cet ouvrage, le *Kriegsbrauch im Landkriege* (Lois de la guerre continentale), prouve que les milieux militaires n'attachaient aucune importance à la Convention de La Haye, et que, malgré la signature

(1) Bernhardi, *L'Allemagne et la prochaine guerre*, p. 289.

du représentant de l'Empire allemand, ils ne se considéraient pas du tout comme liés par elle, et l'ignoraient systématiquement.

L'introduction de l'ouvrage pose les principes et nous apprend ce que l'on doit entendre exactement par l'expression « Droit de la guerre » : « Quand donc, au cours de la présente étude, il sera fait emploi de l'expression *Droit de la guerre*, on retiendra qu'il ne faut point entendre par là une loi écrite, mise en vigueur par des traités internationaux, mais seulement des conventions ne reposant que sur la réciprocité et des restrictions à l'arbitraire, que l'usage, la coutume, l'humanité et l'égoïsme bien entendu ont élevées, mais dont l'observation n'est garantie par aucune sanction autre que la crainte des représailles » (1). Le Droit de la guerre n'est donc pas une loi écrite. La Convention de Genève, les Conférences de Bruxelles et de La Haye sont les produits d'une sentimentalité exagérée, à laquelle l'officier allemand ne doit pas se laisser entraîner. Il doit connaître les principes modernes du Droit des gens et du Droit de la guerre, mais ne les appliquer qu'avec discernement, n'appliquer que ceux qui lui paraissent justifiés :

« Comme les tendances morales du XIXe siècle ont été essentiellement dirigées par des considérations humanitaires, qui ont assez souvent dégénéré en sensibilité sinon en sensiblerie, il n'a pas manqué de tentatives ayant pour objet de faire évoluer les usages

(1) *Kriegsbrauch im Landkriege*, p. 5.

de la guerre dans un sens absolument en opposition avec la nature et les fins mêmes de celle-ci, et l'avenir nous réserve certainement encore des efforts du même genre, d'autant plus qu'ils ont déjà trouvé une reconnaissance morale dans la Convention de Genève et les Conférences de Bruxelles et de La Haye.

« L'officier lui-même est fils de son temps : il est entraîné par les courants moraux qui agitent son pays, et cela d'autant plus qu'il est plus cultivé. Il peut donc y avoir pour lui un danger à se laisser aller à des conceptions fausses sur le but propre de la guerre ; et il ne peut être paré à ce danger que par l'étude approfondie de la guerre elle-même. C'est en creusant l'histoire des guerres qu'il se défendra contre les idées humanitaires exagérées, et qu'il se rendra compte que la guerre comporte forcément une certaine rigueur, et, bien plus, que la seule véritable humanité réside souvent dans l'emploi dépourvu de ménagements de ces sévérités. Cette étude lui montrera l'évolution des relations de guerre, leur condensation en usage général au cours des temps, et lui enseignera enfin si, tels qu'ils existent, ils sont justifiés ou non, s'il faut les modifier ou s'y tenir. Toutefois la condition essentielle d'une étude historique des guerres, poursuivie dans ce sens, réside dans la connaissance des principes sur lesquels reposent les tendances modernes du Droit des gens et du Droit de la guerre. Le principal but du présent ouvrage est d'en présenter l'exposé (1). »

(1) *Op. cit.*, p. 6-7-8.

On conçoit l'émotion soulevée chez les puissances cosignataires par la publication de ce manuel, si contraire au Droit des gens. Aucun autre manuel officiel n'est venu le démentir, et la guerre actuelle a montré combien il avait inspiré le corps d'officiers allemand. Son importance est attestée par la préface d'un ouvrage publié en 1915 par le ministère des affaires étrangères français au sujet de la violation des lois de la guerre par l'Allemagne :

« Le 29 juillet 1899, le comte de Münster signait à La Haye, au nom de l'Empire allemand, la « Convention concernant les lois et coutumes de la guerre sur terre », premier en date des contrats où les nations civilisées aient précisé, dans leur ensemble, les obligations de faire et de ne pas faire qui s'imposent aux belligérants. Les puissances cosignataires se fiaient à cet acte et lui attribuaient toute autorité, quand, en 1902, l'Etat-Major de l'armée allemande publia un livre propre à les surprendre et à les inquiéter. C'est un manuel intitulé *Kriegsbrauch im Landkriege* [fascicule 31 de la collection intitulée « Kriegsgeschichtliche Einzelschriften, herausgegeben vom grossen Generalstabe » (Kriegsgeschichtliche Abteilung I), Berlin, E.-S. Mittler und Sohn, 75 pages in-8]. Cet ouvrage oppose aux lois écrites, aux prescriptions élaborées en temps de paix par des « juristes », la « coutume », la « tradition héréditaire » de la race germanique. Il met l'officier allemand en garde contre les « conceptions humanitaires » (humanitäre anschauungen, p. 3) inspiratrices des Conférences de Genève, de Bruxelles et de La Haye, et lui propose des règles de conduite qui vont maintes fois, même sur des points essentiels, à l'encontre des stipulations de la Convention de 1899, sanctionnées pourtant par la signature de l'Empire allemand, après avoir été élaborées par les représentants des puissances qui ne comprenaient pas seulement des « juristes », mais des militaires.

« L'émotion soulevée par la publication de ce manuel fut très vive, et lorsque la Conférence se réunit de nouveau à la Haye en 1907, les délégués des Puissances projetèrent de demander à l'Allemagne de s'en expliquer. Mais son représentant, le baron Marschall von Bieberstein prit les devants; pour couper court à toute discussion, il déposa une proposition qui attachait une sanction pécuniaire aux violations du Règlement de la Haye. Cette proposition, acceptée par la conférence, forme l'article 3 de la convention IV de 1907 :

« La partie belligerante qui violerait les dispositions dudit règlement sera tenue à indemnité s'il y a lieu ; elle sera responsable de tous actes commis par les personnes faisant partie de sa force armée. »

« L'Allemagne officielle reniait ainsi publiquement les théories du *Kriegsbrauch im Landkriege*. Cependant, à la connaissance du Gouvernement français, aucune édition refondue de cet ouvrage, aucun manuel nouveau ne fut publié. Et tandis que le Gouvernement de la République encourageait la publication, pour les officiers français, d'un manuel entièrement fondé sur le Règlement de la Haye, le *Kriegsbrauch im Landkriege*, continua à représenter dans l'armée allemande la doctrine préconisée par le haut commandement, en sorte que la proposition du baron Marschall von Bieberstein ne fut qu'un leurre offert aux nations contractantes.

« C'est donc dès le temps de paix que l'Allemagne, tout en s'engageant solennellement à observer la Convention de la Haye, a marqué son dessein de la violer » (1).

Il est intéressant de comparer la conduite du Gouvernement français. Il a annexé à son règlement de 1913 sur le service des armées en campagne une partie de Droit international qui comprend : la Convention internationale de Genève du 6 juillet 1906 ; la déclaration de Saint-Pétersbourg du 11 décembre 1868 ; les actes internationaux signés à la Haye le 29 juillet 1899 ; les conventions internationales signées à la Haye le 18 octobre 1907, en particulier le Règlement concernant les lois et coutumes de la guerre sur terre. Il a été d'autre part publié en 1912, sous la direction de la section historique de l'État-Major de l'armée, un manuel semi-officiel, les lois de la guerre continentale, du lieutenant Robert Jacomet. Cet ouvrage est rigoureusement conforme aux prescriptions des conventions de la Haye.

(1) *Les Violations des lois de la guerre par l'Allemagne*, t. I, p. 13-14.

§ 4. — Le Droit des gens d'après le romancier Tannenberg

Otto Richard Tannenberg est l'auteur d'un ouvrage, *Gross Deutschland* (la plus grande Allemagne), publié en 1911, qui est le chef-d'œuvre des élucubrations pangermanistes. Il résume et illustre les prédications de la propagande pangermaniste aux masses populaires. Comme de juste, le Droit des gens, qui pourrait entraver le développement de cette plus grande Allemagne, être un obstacle à son expansion, est très durement malmené. D'abord, qu'est-il ce Droit des gens, sinon une invention de ceux qui n'ont ni la force ni le courage de se défendre eux-mêmes ? « Dans le bon vieux temps, il arrivait parfois qu'un peuple fort en attaquait un faible, l'exterminait et l'expulsait de son patrimoine. Aujourd'hui ces actes de violence ne se commettent plus. Aujourd'hui tout se passe en douceur, dans ce pauvre monde, et les privilégiés sont pour la paix. Les petits peuples et les débris de peuple (Volkssspliter) ont inventé un mot nouveau « Le Droit des gens ». Au fond, ce n'est pas autre chose qu'un calcul fondé sur notre généreuse bêtise » (1).

Ce Droit des gens des faibles, qui respecte les situations acquises et favorise la paix, ne peut convenir au peuple allemand, qui, lui, est puissant, a besoin de

(1) TANNENBERG, *La plus grande Allemagne*, p. 99.

s'étendre et ne peut s'étendre que par la guerre. Il faut à l'Allemagne un nouveau Droit des gens, le Droit des gens des forts, qui aidera et consolidera son expansion. Ce droit de la force existe en partie ; c'est celui que la Grande-Bretagne applique dans son domaine, la guerre maritime. L'Allemagne n'a qu'à l'étendre et à l'appliquer dans son domaine, la guerre continentale : « La Grande-Bretagne s'arroge expressément le droit de ne reconnaître sur mer, en temps de guerre, aucune propriété privée. Suivons son exemple en tant que puissance germanique, et reportons le même droit sur le domaine qui nous appartient, sur la terre.

« Au temps de la guerre de Trente ans et des combats napoléoniens, nos voisins ont traité le sol allemand comme si c'était un bien sans maître. Aujourd'hui encore, les villes de l'État allemand souffrent d'avoir été dépouillées de leurs forêts par Napoléon. Il n'y a que peu d'années qu'Elbing et Kœnisberg ont éteint les dettes contractées en 1807. Le tort qui nous fut fait alors était si immense que ce serait déjà une raison suffisante pour en tirer vengeance.

« Mais c'est un tort plus grand encore de vouloir empêcher l'expansion de l'Allemagne. Le crime est tel qu'on est autorisé à user des moyens de répression les plus violents pour répondre à la germanophobie.

« Il nous faut un nouveau Droit des gens. Il n'y a pas besoin de chercher un nom bien longtemps. Nous l'appelons le Code naval anglais. Les conditions des traités de paix doivent être beaucoup plus serrées.

Si en 1871 nous avions expulsé les Alsaciens récalcitrants, forcé la France à donner asile à ces colons ; si nous avions réparti le sol entre nos braves soldats, nous n'aurions pas tant à nous plaindre aujourd'hui de la Franzœselei dans le pays. Si en 1871, nous avions pris tout le bassin de la Meuse et de la Moselle, chassé les habitants, que nous aurions remplacés par de nouveaux colons; si au lieu de 5 milliards, nous en avions exigé 25, nous ne nous serions pas retrouvés en 1878 déjà devant l'éventualité d'une guerre avec la France. Un épuisement aussi complet aurait privé à jamais la France de la possibilité d'augmenter le nombre de nos ennemis (1). »

Ces idées féroces du pangermaniste sont sans doute exagérées, mais moins qu'on n'aurait pu le croire avant la guerre. Encore aujourd'hui, tandis que l'étreinte se resserre autour des Empires Centraux, des élucubrations pareilles ont cours en Allemagne, et nos journaux, dans leurs extraits de la Presse allemande, nous en font connaître presque tous les jours.

§ 5. — L'Opinion d'un Neutre sur la Conception allemande du Droit des gens.

Le Colonel suisse Wilhelm Rüstow a publié, en 1876, à Zurich, *Kriegspolitik und Kriegsgebrauch* (La Politique et les Coutumes de la guerre). Publié

(1) Tannenberg, *op. cit.*, p. 110-111.

au lendemain de nos défaites, ce livre s'inspire des idées allemandes dont le colonel est grand admirateur. On ne peut pas le soupçonner de partialité en notre faveur. Il a cependant, de la conception allemande du Droit des gens, une opinion très juste, mais très dure, et à laquelle ses sentiments progermains ne donnent que plus de valeur. Il a bien vu que le Droit des gens allemand n'est que le Droit de la force :

« Et aujourd'hui de nouveau, les Allemands montrent une significative inclination à suivre des théories semblables (à celles des Romains au sujet des peuples vaincus), et leurs professeurs de Droit des gens se prêtent à cette conception.

« Le vaincu ne doit pas seulement être écrasé par la force, mais il doit reconnaître comme droit cette force qui l'écrase et comme une faute punissable la résistance à cette force. Il doit faire comme ce soldat d'autrefois qui, quand le bon plaisir d'un supérieur lui avait fait appliquer 25 coups de baguette, devait remercier pour la « gracieuse punition » (1).

Mais le Gouvernement allemand trouvera toujours des juristes complaisants pour déguiser ce droit de la force, pour lui donner l'apparence du Droit des gens, mais d'un Droit des gens conforme à ses actes et à ses intentions. C'est ce que dit un Français, Monteil, dans un passage que cite Rüstow : « Il y a dans le même M. Bluntschli, le M. Bluntschli avant

(1) Rüstow, *Kriegspolitik und Kriegsgebrauch*, p. 214.

la guerre, et le M. Bluntschli après la guerrre. M. Bluntschli avant la guerre professe à peu près la théorie de l'Ecole, celle de Grotius, de Puffendorf, de Leibnitz, de Wolff et de Vattel ; depuis les guerres de 1866 et de 1871, il y a M. Bluntschli apologiste des procédés prussiens, auteur d'un nouveau Droit international codifié, dont les principes autorisent tous les abus de la force » (1).

Et le colonel ne le contredit pas, car il ajoute : « A dire vrai, Monteil se trompe quand il croit que le Gouvernement allemand se fait faire son Droit de la guerre par Bluntschli ; ce gouvernement emploie tout au plus Bluntschli pour arranger scientifiquement le Droit de la guerre qui lui convient (1).

Voici d'ailleurs un passage de Bluntschli qui justifie cette opinion, qui nous montre cette conception allemande du Droit de la force, de la force créatrice du Droit : « Il y a un point du reste qu'il ne faut jamais oublier quand on veut juger l'histoire. Souvent, à un examen superficiel, on n'aperçoit que violence, brutalité, et après des recherches plus consciencieuses, on constate une nécessité impérieuse ; on reconnaît que les faits incriminés sont la conséquence des événements et du développement irrésistible qui pousse un peuple à rejeter les formes desséchantes d'un droit vieilli, tout comme la jeune plante se dépouille au printemps des restes flétris de l'hiver. Lorsque c'est le cas, la violence remplit au fond un rôle bienfai-

(1) Rüstow, *op. cit.*, p. 174.

sant ; elle facilite la naissance du principe nouveau et contribue à créer le Droit sans toutefois le terrasser.

« Je ne puis cependant pas me joindre aux brûlantes apologies de la guerre, auxquelles d'importants écrivains ont vivement associé leur nom en Allemagne, comme d'autres l'avaient fait jadis en France...

« Mais une chose reste vraie : C'est que la guerre, par cela même qu'elle manifeste en grand les forces des peuples et la puissance des faits, concourt à la création du Droit.

« La guerre n'est pas une simple manifestation du Droit, elle est réellement une source de droits. Elle n'est pas l'idéal de l'humanité, mais elle est malheureusement, aujourd'hui encore, un moyen indispensable pour assurer les progrès nécessaires de l'humanité (1). »

C'est bien là une conception allemande, une conception qui fait partie de la race allemande elle-même, puisque déjà, au XVIe siècle, le juriste français Jean Bodin pouvait écrire : « En Allemagne, on fait grand cas du Droit des Reîtres, qui n'est ni divin, ni humain, ni canonique, ains c'est le plus fort qui veut qu'on fasse ce qu'il commande » (2).

Cette conception est conforme à la tradition allemande et à l'enseignement du grand Frédéric :

« Lorsque les princes veulent la guerre, ils la

(1) Bluntschli, *Droit international codifié*, Introduction, p. 8.

(2) Cité par Jacques Flach dans *Le Droit de la force et la force du Droit*, p. 39.

commencent, et ils font venir ensuite un juriste studieux qui prouve qu'ils ont bien agi (1). »

On la retrouve dans la célèbre formule vraie, sinon dans la lettre, au moins dans l'esprit : « *Gewalt geht über Recht* » (la force prime le droit). C'est elle qui inspire cette phrase d'un historien très religieux : « Le Droit historique repose sur la force » (2) et cette autre de Lasson : « L'issue de la guerre est toujours juste, c'est un vrai jugement de Dieu » (3). Et elle illustre à merveille la pensée de Pascal : « Il est juste que ce qui est juste soit suivi : il est nécessaire que ce qui est le plus fort soit suivi..... La Justice est sujette à disputes : la force est très reconnaissable et sans dispute..... — et ainsi ne pouvant faire que ce qui est juste fût fort, on a fait que ce qui est fort fût juste » (4) !

(1) Cité dans *J'accuse*, par un Allemand, p. 279.

(2) *Wuttke, die sittliche Bedeutung der Krieges. Evangelische Kirchen-Zeitung*, 1867, n° 10, cité par Andler, *op. cit.*, p. 44.

(3) Lasson, *Das Kulturideal und des Krieg*, cité par Andler, *op. cit.*, p. 44.

(4) *Pensées*, de Pascal, édition Harvet, article vi, n° 8.

CHAPITRE II

Le Droit à la Guerre

Quoique la guerre soit le plus grand des fléaux, à la fois pour les belligérants et pour les neutres, le Droit des gens n'est jamais allé jusqu'à l'interdire complètement. Dans un certain nombre de cas, on trouve juste et légitime qu'un peuple en appelle à la force des armes. Ainsi un Etat a le droit de faire la guerre, s'il est porté atteinte à son indépendance ou à l'intégrité de son territoire, si son honneur ou sa dignité sont offensés, si un autre Etat refuse de remplir ses engagements envers lui.

En Allemagne, on est allé beaucoup plus loin. On a allongé la liste des causes légitimes de guerre, de façon à légitimer les guerres entreprises ou à entreprendre par l'Allemagne.

Le Droit à la guerre est une conséquence du Droit de la force. Un peuple qui se développe a le droit de briser par la force les entraves que lui opposent les situations acquises des autres peuples : il a le droit d'acquérir par la guerre les territoires ou les colonies qu'il se croit indispensables et qui appartiennent à d'autres ; il a le droit de faire la guerre pour remplir ce qu'il croit être sa mission en ce monde, pour abolir un état de droit qui lui est devenu défavorable à la suite de son évolution.

C'est là une idée qui paraît si naturelle en Allemagne, qu'on la retrouve même chez des juristes. Bluntschli, par exemple, l'a exprimée dans son *Droit International codifié :* « Il faut considérer comme causes légitimes de guerre..... les obstacles injustement apportés à la formation et au développement du droit nouveau..... il me paraît que le droit d'un peuple de recourir aux armes pour se donner la constitution qu'il réclame, pour développer ses qualités naturelles, pour remplir sa mission, pourvoir à sa sûreté, défendre son honneur, est bien plus naturel, bien plus important, plus sacré que les manuscrits poudreux constatant les droits d'une dynastie. Comme d'autre part, d'importants intérêts sont le plus souvent intimement connexes de l'état de droit devenu intolérable, la transformation réclamée par le développement d'un peuple doit le plus souvent faire l'objet d'une lutte de la part de ce peuple » (1).

Bernhardi, peut-être plus nettement que tout autre, a exprimé cette idée dans son ouvrage, *l'Allemagne et la prochaine guerre. Der Recht Zum Kriege* (le Droit à la guerre) est le titre du premier chapitre de son livre. Nous lui empruntons les citations du paragraphe suivant.

(1) Bluntschli, *Droit international codifié*, art. 517.

§ 1er. — Le Droit à la guerre, d'après Bernhardi

1° *La Guerre est une nécessité biologique*

(πολεμος πατηρ παντων, Héraclite d'Ephèse) (1). « La lutte est la loi naturelle fondamentale de toutes les autres lois naturelles. Tous les biens sociaux les plus précieux, toutes les pensées, inventions, entreprises, l'ordre social lui-même, sont les produits d'une lutte au sein même de la société, lutte au cours de laquelle telle partie résiste, telle autre se détache et tombe. Hors des limites de la société, au-dessus d'elle, la lutte qui régit l'évolution des sociétés, des peuples et des races, c'est la guerre. — A l'intérieur, la lutte sociale est la tâche quotidienne de l'homme ; c'est le conflit des idées, des sentiments, des désirs, des sciences, des productions de toutes sortes. — A l'extérieur, au dessus de la société, c'est le combat sanglant des peuples, c'est la guerre. Or, en quoi consiste l'essence de la lutte ? Dans la vie et la mort ; dans la victoire de l'un des facteurs et l'anéantissement de l'autre. C'est dans ses résultats qu'éclate l'action créatrice de la lutte. » (Clauss. Wagner, *la Guerre comme principe créateur dans le monde*) (2). Sans la guerre, des races de moindre valeur ou dégénérées, pourraient trop facilement étouffer les éléments sains, capables de se reproduire, et une décadence générale en serait

(1) Bernhardi, *L'Allemagne et la prochaine guerre*, p. 10.
(2) *Op. cit.*, p. 11.

la suite forcée (1). D'autre part, l'Etat doit assurer la sécurité personnelle des citoyens. Mais ce devoir ne comporte pas la simple défense contre les attaques ennemies ; il implique en outre le droit de procurer à l'ensemble du peuple, à l'Etat, la possibilité d'exister et de se développer (2). D'où le Droit de conquête, le Droit de colonisation pour un peuple à l'étroit.

2° *La guerre est aussi une exigence morale et, comme telle, un facteur indispensable de la Civilisation.*

L'État a la mission de porter les forces intellectuelles et morales d'un peuple à leur plus grand épanouissement et de leur assurer dans le monde l'influence à laquelle elles ont droit pour le progrès général de l'humanité (3). Sous ce jour, on considère la guerre comme une nécessité morale lorsquelle se fait pour conserver à un peuple ses biens les plus chers et les plus précieux.

L'État ne peut atteindre ses grands buts moraux que par une puissance politique croissante..... Si l'État renonce à cet accroissement de puissance et recule avec effroi devant toute guerre nécessaire à son développement, s'il veut seulement exister et non grandir, s'il se repose tranquillement sur un lit de paresse, alors ses membres s'étiolent et dépé-

(1) *Op. cit.*, p. 12.
(2) *Op. cit.*, p. 13.
(3) *Op. cit.*, p. 17.

rissent; les aspirations s'arrêtent à l'individu et les points de vue élevés s'évanouissent (1).

Les brutalités que chaque guerre amène avec elle s'effacent devant l'idéalisme de l'action d'ensemble (2). Et la guerre n'est pas non plus contraire à la morale chrétienne : « Je ne suis pas venu apporter la paix, mais l'épée », a dit Jésus (Évangile selon Saint Mathieu, x, 34). Ainsi, même au point de vue chrétien, la guerre ne saurait être repoussée ; il faut lui reconnaître un droit historique et moral (3).

Les modifications dans les idées sociales de l'humanité et dans nos opinions sur la guerre n'affectent jamais que des concepts; elles ne sont pas capables de changer le fond même des choses et le fond de la nature humaine. Aussi longtemps donc que la vie reposera sur la lutte et que les hommes seront des créatures égoïstes, la guerre demeurera, en dépit des conceptions différentes que l'on peut s'en faire, comme une forme de développement de la civilisation (4).

3° *Les moyens pratiques proposés par les pacifistes pour empêcher la guerre s'avèrent tout à fait insuffisants.*

A) *Selon quel droit l'arrêt arbitral doit-il être prononcé?*

Chaque peuple tire de lui-même ses propres notions juridiques; chacun a ses aspirations et son idéal parti-

(1) *Op. cit.*, p. 18.
(2) *Op. cit.*, p. 19.
(3) *Op. cit.*, p. 22.
(4) *Op. cit.*, p. 22.

culier, qui répondent avec une certaine nécessité à son caractère et à son histoire..... Il n'y a jamais eu de droit universel, et il ne peut y en avoir..... Même si l'on essayait, même si l'on instituait un Droit international universel, aucun peuple ne pourrait lui sacrifier ses propres idées sans renier son idéal le plus élevé, sans commettre une injustice vis-à-vis de sa propre conscience du Droit et sans se dégrader.

Des contrats d'arbitrage seraient spécialement funestes à un peuple aspirant à s'élever, n'ayant pas encore atteint son apogée, et obligé d'augmenter sa puissance pour pouvoir satisfaire aux exigences de ses devoirs de peuple civilisé. Tout tribunal arbitral doit consacrer, pour ainsi dire, une situation politique donnée, la reconnaître comme la base du Droit, et considérer comme une violation de celui-ci toute modification, si nécessaire soit-elle, qui n'aurait pas acquis l'agrément de tous les contractants. De cette façon, tout changement dans le sens du progrès serait empêché, une situation juridique serait créée qui pourrait très facilement entrer en contradiction avec le développement général et mettre obstacle à l'extension de la puissance d'un État plus riche de sève, en faveur de celui qui, au point de vue de la civilisation, est en pleine décadence (1). Pour un État ambitieux qui n'a pas encore obtenu le rang dont il est digne, qui a impérieusement besoin d'élargir son do-

(1) *Op. cit.*, p. 25.

maine colonial, et qui ne peut, au fond, obtenir celui-ci qu'au prix d'autres sacrifices, les tribunaux d'arbitrage représentent a priori un danger, car ils sont propres à empêcher un déplacement de puissance (1).

B) Qui doit garantir que les parties se soumettront à l'arrêt arbitral ?

En Amérique, l'ancien secrétaire Elihu Root a émis en 1908 l'opinion que le « high court of International Justice », institué par la seconde conférence de la Haye, pourrait vraisemblablement, *grâce à la contrainte de l'opinion publique*, prononcer des jugements irrécusables et définitifs... En réalité, l'opinion publique ne serait absolument pas uniforme ; une pression véritable ne pourrait jamais être produite que par la guerre, cette guerre que l'on veut justement éviter (2).

Le Chancelier de l'Empire, dans son discours au Reichstag du 30 mars 1911, disait que des contrats d'arbitrage entre Etats ne devraient s'appliquer qu'à des questions juridiques faciles à embrasser, et aussi qu'un tel contrat entre deux Etats ne serait jamais une garantie de paix durable. Un tel contrat constate purement et simplement qu'on ne peut pas croire à des motifs sérieux de rupture entre les deux parties contractantes. Mais..... s'il se développe entre les deux nations des rivalités préjudiciables à leur

(1) Bernhardi, *La Guerre d'aujourd'hui*, Introduction, p. xxi.
(2) Bernhardi, *op. cit.*, p. 26.

vie même..... tout contrat arbitral « brûlerait comme de l'amadou », c'est-à-dire perdrait toute efficacité (1).

C) Le verdict pacifique d'un tribunal arbitral ne pourra jamais remplacer la sentence de la guerre, même pour l'Etat en faveur duquel il est prononcé. Si par exemple, on se figurait que la Silésie est échue en partage à Frédéric le Grand en suite d'un arbitrage et non en suite d'une lutte héroïque sans pareille dans l'histoire, l'acquisition de cette province aurait-elle eu la même valeur pour la Prusse et l'Allemagne ?..... C'est la lutte même qui a créé l'importance de la Prusse, qui lui a amassé un héritage de gloire et d'honneur qu'on ne pourra jamais nier, qui a forgé cette Prusse, forte comme l'acier, dont l'Allemagne s'est servie pour devenir un puissant Etat en Europe et une future puissance mondiale (2). Et encore aujourd'hui, « si nous voulons obtenir pour notre nation la place qui lui convient dans le monde, il faut nous confier à notre glaive, renoncer à toute utopie pacifiste efféminée, et regarder avec fermeté les dangers qui nous entourent » (3).

Les efforts tentés en vue de l'abolition de la guerre ne sont pas seulement insensés, mais doivent être considérés comme *franchement immoraux* et stigmatisés comme *indignes de l'humanité* (4). Les grands

(1) Bernhardi, *op. cit.*, p. 27.
(2) Bernhardi, *op. cit.*, p. 27.
(3) Bernhardi, *La Guerre d'aujourd'hui*, Introduction, p. xxii.
(4) Cette appréciation de Bernhardi est à rapprocher de celle exprimée par de Moltke dans sa lettre à Bluntschli, du 11 décembre 1880.

conflits des peuples et des Etats devraient être tranchés par des tribunaux arbitraux, donc par des compromis ; un droit exclusif, borné, formel, devrait se substituer au jugement de l'histoire ; il faudrait reconnaître le même droit à l'existence au faible et au fort. Tout cela constitue un empiètement insolent sur les lois naturelles, empiètement qui ne peut qu'avoir les suites les plus funestes pour l'ensemble de l'humanité : plus de progrès véritable, corruption morale et intellectuelle suivie d'une prompte dégénérescence (1).

Par bonheur, « le Dieu vivant, a dit Treitschke (*Politik*, t. I, p. 76), veillera à ce que la guere réapparaisse toujours comme un remède terrible pour l'humanité ».

Le peuple allemand doit apprendre à reconnaître que le *maintien de la paix ne peut et ne doit jamais être le but de la politique* (2), et être persuadé que *l'appel aux armes est un droit sacré de l'Etat* (3).

« La paix perpétuelle est un rêve et ce n'est pas même un beau rêve : La guerre fait partie de l'ordre universel institué par Dieu. Dans la guerre, se déploient les vertus les plus nobles de l'homme, le courage et l'abnégation, la fidélité au devoir et l'esprit de sacrifice qui vont jusqu'à exposer la vie même. Sans la guerre, l'humanité s'enliserait dans le matérialisme. »

(1) Bernhardi, *op. cit.*, p. 28.

(2) Bernhardi, *op. cit.*, p. 31.

(3) Bernhardi, *op. cit.*, p. 32.

§ 2. — Le Droit à la guerre, d'après Treitschke

Pour Treitschke, comme pour Bernhardi, la guerre est une conséquence de la nature humaine : « Celui qui connaît l'histoire sait bien que ce serait mutiler la nature humaine que de rayer la guerre de ce monde. Il n'y a pas de liberté, s'il n'y a une force guerrière prête à s'immoler pour la liberté » (1).

La force des armes permet à un Etat de soutenir son opinion, car « un Etat, qui n'a pas la force des armes, qui n'est pas capable de tirer son épée pour soutenir son opinion, est soumis à la force qui a pour elle le droit de la guerre » (2). La guerre seule permet à un Etat de montrer ce qu'il peut faire : « C'est avec raison qu'une vieille expression définit la guerre comme l'*examen rigorosum* des Etats ; c'est par la guerre que les Etats montrent leurs forces, non seulement leur force physique, mais aussi leur force de civilisation, et à un certain degré, leur force intellectuelle » (3).

La guerre est une fonction essentielle de l'Etat : « la seconde fonction essentielle de l'Etat est la conduite de la guerre..... Sans guerre, pas d'Etat. Tous les Etats connus se sont formés par la guerre. La protection de ses sujets par les armes reste la fonction

(1) Treitschke, *Politik*, t. II, p. 362.
(2) Treitschke, *op. cit.*, t. I, p. 39.
(3) Treitschke, *op. cit.*, t. II, p. 362.

première et essentielle de l'Etat. Et la guerre durera jusqu'à la fin de l'histoire, aussi longtemps qu'il y aura plusieurs Etats » (1).

Un Etat aura toujours le droit de faire la guerre, car c'est le seul moyen de triompher de la barbarie et de la déraison. C'est le seul moyen de décider entre les Etats : « les grands progrès de la civilisation ne triomphent de la résistance de la barbarie et de la déraison que par l'épée. Et chez les peuples civilisés, c'est encore la guerre qui demeure la forme de procès qui rend valables les prétentions des Etats. Les preuves que l'on apporte dans ce terrible procès entre peuples sont convaincantes, plus qu'aucune preuve dans un procès civil. Combien de fois avons-nous cherché à prouver théoriquement aux petits Etats, que seule la Prusse pouvait se charger de diriger l'Allemagne ? Nous avons dû leur en fournir la preuve vraiment convaincante sur les champs de bataille de Bohême et du Mein » (2).

Enfin un Etat aura le droit de recourir à la guerre, pour, sous l'influence du danger extérieur, mettre de l'ordre dans sa situation intérieure, car « la guerre est le seul remède pour un peuple malade » (3).

(1) Treitschke, *op. cit.*, t. I, p. 72.
(2) Treitschke, *op. cit.*, t. I, p. 73.
(3) Treitschke, *op. cit.*, t. I, p 74.

§ 3. — Le Droit à la Guerre d'après Lasson

Adolf Lasson, auteur de quelques ouvrages assez remarqués, avait publié à Berlin en 1868, *das Kulturideal und der Krieg* (Guerre et Civilisation). Entre les guerres contre l'Autriche et contre la France, il célébrait le droit de la force à un point tel que l'opinion s'était un peu émue, même en Allemagne. Mais les temps sont changés ; après un oubli assez long, son livre, devenu conforme aux idées allemandes, a eu une nouvelle édition en 1914, en même temps que Lasson signait deux lettres sensationnelles sur l'incomparable supériorité de la race allemande.

Il a exprimé les mêmes idées que les autres, mais sous une forme plus nette, plus formulaire. Pour lui aussi, la guerre est un phénomène normal dans la vie de l'Etat : « Entre Etats, il n'y a qu'une force de droit, *le droit du plus fort*..... Il est donc parfaitement raisonnable que des guerres aient lieu entre Etats » (1).

L'Etat ne doit pas rechercher la paix : « l'Etat qui n'est organisé que pour la paix n'est pas un véritable Etat ; il ne manifeste toute sa signification que par sa préparation à la guerre » (2).

(1) Adolf LASSON, *Das Kulturideal un der Krieg*, p. 14. Ce passage et les suivants ont été cités par DAMPIERRE dans *L'Allemagne et le Droit des gens*, p. 55.

(2) LASSON, *op. cit.*, p. 29.

« La guerre est un phénomène fondamental dans la vie de l'Etat, et sa préparation doit avoir dans l'édifice de la vie nationale une place prépondérante » (1).

L'Etat a le droit de faire la guerre, non seulement pour se défendre, mais aussi pour conquérir : « Ce n'est pas seulement ce qu'il a que l'Etat doit défendre par la guerre..... c'est encore ce qu'il n'a pas, dont il lui faut, par la guerre, tenter de s'emparer..... c'est une absurdité de s'indigner contre une guerre de conquête en elle-même. Le seul point intéressant est l'objet de cette conquête » (2).

Quant à l'arbitrage, ce n'est qu'une utopie, qu'une tromperie : « Le projet de résoudre tous les problèmes par des congrès de princes et des négociations diplomatiques est comme le beau rêve d'un idéaliste ou comme la fallacieuse pipée d'un oiseleur..... on peut ajourner bien des choses ; mais si l'occasion s'en présente, que celui qui a la force et se sent prêt, tranche les questions par l'épée : c'est pour les grandes questions historiques la seule solution rationnelle et durable » (3).

§ 4. — Le Droit à la Guerre d'après Tannenberg et Harden

Tannenberg, plus que les autres, représente l'opinion générale allemande, et il est d'accord avec les auteurs que nous venons de voir : l'Allemagne se dé-

(1) Lasson, *op. cit.*, p. 31.
(2) Lasson, *op. cit.*, p. 60.
(3) Lasson, *op. cit.*, p. 130.

veloppe ; ses voisins par leur situation acquise gênent ce développement ; la guerre seule peut les décider à laisser l'Allemagne prendre sa place ; et par conséquent l'Allemagne a le droit de leur faire la guerre :

« Il ne peut être question de rester sans bouger au point où nous en sommes aujourd'hui. Depuis 1871, nos voisins nous ont assez souvent fourni l'occasion d'en appeler à la décision par l'épée. Il ne nous a manqué que la volonté. En fin de compte, toute guerre peut être évitée. Mais il est facile aussi de trouver des motifs quand on en veut (exemples de la dépêche d'Ems, de l'affaire Schnœbelé.....). Quant à nous, pas besoin d'aller chercher un casus belli dans les vicissitudes des rapports entre les cours ; le seul fait nous suffit que, depuis la fondation, l'affermissement et l'épanouissement de notre Empire, les Allemands sont tourmentés et opprimés dans tous les pays (1). »

Mais au fond, l'Allemagne trouve ces explications vides et inutiles. Elle a le droit de faire la guerre, parce qu'elle est forte, et parce qu'elle est persuadée que la guerre lui rapportera. Aussi, quand, en juillet et en août 1914, les milieux officiels allemands ont cherché à justifier ce qu'ils avaient fait, l'Allemagne a haussé les épaules devant leurs explications embrouillées, et Maximilien Harden n'a pas hésité à repousser dédaigneusement tous les prétextes inventés

(1) TANNENBERG, *La plus grande Allemagne*, p. 102.

par la Chancellerie impériale, comme indignes de la grande œuvre poursuivie par l'Allemagne :

« De quel côté est le droit ? Oui, s'il ne s'agissait pas d'autre chose, on pourrait se contenter de suivre le conseil des sots et de traîner les grandes controverses internationales devant le tribunal suprême de l'Europe. Mais la raison, dans le cas présent, n'est que démence. Demandez au hêtre qui lui a donné le droit d'élever sa cîme plus haut que le pin et le sapin, le bouleau et le palmier. Citez-le devant l'aréopage que président les mâchoires édentées et pendantes. Dans le feuillage du hêtre retentira comme une tempête : « Mon droit, c'est ma force » ! Le droit qu'à son baptême chaque peuple a reçu de vivre, de se développer, de pousser vers le ciel, ne relève d'aucun juge. De quel côté est le droit ? Du côté où se trouve la force. Droit ou non, nous tiendrons ferme, ou nous tomberons pour notre patrie. Nous voulons vaincre, il faut que nous vainquions. Inutile de broder, inutile de démontrer, diplomates en redingotes et en lunettes, que nous sommes d'honnêtes gens à l'humeur pacifique. Cecil Rhodes a dit naguère : « Cette guerre est juste parce qu'elle sert à « mon peuple, parce qu'elle accroît la puissance de « mon pays ». Enfonçons cette maxime à coups de marteau dans tous les cœurs. Elle l'emporte sur des centaines de livres blancs (1). »

(1) Le journal *Die Zukunft*, octobre 1914, cité par DAMPIERRE, *L'Allemagne et le Droit des gens*, p. 108.

CHAPITRE III

Le Devoir de faire la Guerre

Cette conception ne diffère pas beaucoup de la précédente dont elle n'est au fond qu'une exagération. *Die Pflicht zum Kriege* (le Devoir de faire la guerre) est en quelque sorte un degré de plus dans la déformation du droit, que *Der Recht zum Kriege* (le Droit à la guerre); c'est une conséquence un peu plus poussée du droit de la force. C'est Bernhardi qui l'a exprimé le plus nettement : die Pflicht zum Kriege est le titre du deuxième chapitre de *L'Allemagne et la prochaine guerre.* Il s'y appuie sur Treitschke, le « grand historien national » (1).

§ 1. — Le Devoir de faire la Guerre d'après Bernhardi

Des politiciens, même qui considèrent la suppression totale de la guerre comme impossible, qui ne croient pas que *l'ultima ratio* puisse être entièrement

(1) BERNHARDI, *op. cit.*, p. 41.

rayée de la vie des nations, sont pourtant d'avis qu'il faut s'efforcer de reculer autant que possible le moment de la déclencher (1). Une guerre reconnue nécessaire devrait être reculée aussi longtemps que possible, et jamais un homme d'État ne devrait profiter des circonstances favorables, pour réaliser par les armes des aspirations légitimes.

De telles appréciations ne peuvent que répandre l'idée fausse et pernicieuse que le maintien de la paix est le but immédiat et dernier de la politique, voire même sa tâche principale. Contre de telles idées, nées d'un faux sentiment d'humanité, il faut exprimer nettement, non seulement *le droit*, mais aussi, selon les circonstances, *le devoir moral et politique* qu'a l'homme d'État de provoquer la guerre.

1° *Des guerres commencées au bon moment et résolument ont eu, au point de vue politique et social, les conséquences les plus heureuses.*

L'histoire moderne de l'Allemagne, avec ses hauts et ses bas, nous en fournit les preuves les plus éclatantes.

Le grand Prince Électeur a posé les bases de la puissance de la Prusse par des guerres heureuses qu'il a lui-même voulues.

Frédéric le Grand a suivi les traces de son glorieux aïeul (2)..... Aucune des guerres qu'il a conduites ne lui a été imposée..... Ce qu'il a atteint

(1) BERNHARDI, *op. cit.*, p. 35.
(2) BERNHARDI. *op. cit.*, p. 36.

est connu. Toute l'évolution des nations européennes et de l'humanité en général, eût été autre, si la résolution héroïque que ce souverain a montrée lui avait fait défaut.

Nous voyons l'attitude opposée sous le règne de Frédéric-Guillaume III, dès la pitoyable année 1805, que l'on ne saurait jamais assez rappeler à notre peuple..... Il chercha à maintenir la paix au prix de la plus grave défaite morale..... et l'État prussien aurait connu la décadence définitve si les valeurs morales que Frédéric le Grand lui avait *acquises en combattant* ne s'étaient conservées chez lui : elles rendirent possible l'héroïque effort de 1813 (1).

La force tranquille et consciente, avec laquelle la Prusse se consacra à son devoir national lorsque le roi Guillaume Ier et Bismark eurent pris en main la direction de l'État, agit bientôt d'une manière vivifiante..... Le succès de nos armes et la puissance politique qu'il acquit au pays ont créé les bases d'un essor matériel sans pareil.

Exemple de la guerre russo-japonaise. — La décision d'ouvrir les hostilités contre la Russie ne fut pas seulement héroïque, mais aussi judicieuse, politiquement parlant, et légitime au point de vue moral..... Le succès a donné raison aux hommes d'État japonais. Cette guerre victorieuse a procuré au peuple nippon des conditions de vie plus larges et l'a élevé d'un coup au rang de facteur international important,

(1) Bernhardi, *op. cit.*, p. 37.

à une situation politique qui doit inévitablement amener un grand essor matériel (1).

Exemple de la guerre Anglo-Boer. — Une guerre à issue malheureuse peut être pour un peuple plus riche en bienfaits qu'un recul sans combat quand il s'agit de questions capitales..... Les Boers se sont acquis un trésor de gloire et une haute conscience de soi qui les rangent, même vaincus, au nombre des artisans de la puissance (2).

Une guerre est cependant un moyen violent, qui non seulement implique des risques de défaite, mais encore exige de grands sacrifices et a pour conséquence des maux sans nombre. Celui qui se décide à la guerre assume toujours une lourde responsabilité ; il faudra donc des motifs qui en vaillent vraiment la peine.

2e Quels sont les buts politiques qui légitiment le recours aux armes ?

La réponse se déduit de la nature et de la mission de l'Etat : « L'essence de l'Etat, c'est sa puissance ; son plus haut devoir moral est de pourvoir à sa puissance. » (Treitschke, *Politik*, t. I, § 3) (3).

La puissance de l'Etat devra toujours être, pour un homme politique, le principe directeur : « parmi les fautes politiques, la faiblesse est la plus méprisable

(1) Bernhardi, *op. cit.*, p. 38.
(2) Bernhardi, *op. cit.*, p. 38.
(3) Bernhardi, *op. cit.*, p. 40.

et la plus condamnable. » (Treitschke, *Politik*, t. I, § 3) (1).

Le recours à *l'ultima ratio* est toujours *un devoir*, non dans la seule *défensive*, mais aussi lorsque, par les agissements de la politique étrangère, *la puissance propre de l'Etat est mise en question* et ne peut se soutenir avec des moyens pacifiques. Cette puissance propre de l'Etat a des bases matérielles, mais aussi des éléments moraux, tels que son honneur et son autorité morale. Cette autorité est une partie essentielle de la puissance.

La croyance ne doit jamais naître chez l'adversaire que la volonté fait défaut de maintenir cette autorité, fallût-il recourir aux armes (2). Tout recul devant l'adversaire, tout abandon d'intérêts primordiaux, tout essai de compromis instables, signifie non seulement une perte immédiate de prestige politique et, le plus souvent, de puissance réelle, remplaçable peut-être par ailleurs, mais encore un préjudice causé aux intérêts de l'Etat, préjudice dont les générations à venir auront ordinairement à supporter seules le poids écrasant (3).

Certains cas peuvent se présenter où il est opportun de faire la guerre pour sauver l'honneur, même sans probabilité de succès. Ce fut le cas de Frédéric le Grand après les batailles de Kolin et de Künesdorf. « Il ne faut jamais perdre de vue que si la paix ne

(1) Bernhardi, *op. cit.*, p. 42.
(2) Bernhardi, *op. cit.*, p. 45.
(3) Bernhardi, *op. cit.*, p. 46.

peut être maintenue qu'en sacrifiant ses convictions ou le salut national, la guerre est non seulement légitime, mais encore est un devoir pour des hommes et une nation qui s'estiment. Une guerre juste est, à la longue, infiniment plus désirable pour la conscience d'un peuple que la paix la plus florissante obtenue en souffrant l'insulte et l'injustice. Il peut être même préférable de subir la défaite que de n'avoir pas du tout combattu. » (Roosevelt, Message du 4 décembre 1906, au congrès des Etats-Unis) (1).

Tant que le progrès humain et le développement normal des peuples reposeront sur la lutte, il sera obligatoire de la faire naître dans les circonstances les plus favorables : on devra faire la guerre quand on a peine à suivre les armements des rivaux, quand on veut une supériorité incontestable, ou pour devancer une alliance offensive ; et on devra profiter du bon moment, par exemple si l'ennemi est affaibli par suite de circonstances extérieures ou intérieures.

§ 2. — Quelques opinions allemandes sur ce sujet

Il y a évidemment dans la théorie de Bernhardi bien des points que l'on ne peut qu'approuver.

Certes la guerre devient un devoir pour un peuple quand il s'agit de son honneur.

(1) Bernhardi, *op. cit.*, p. 47.

C'est pour défendre leur honneur national qu'en 1914 la Belgique et la Grande-Bretagne ont pris les armes contre l'Allemagne. On peut encore admettre une guerre préventive, pour devancer un adversaire décidé à l'attaque.

Mais que dire des guerres de conquête, dussent-elles avoir « au point de vue politique et social, les conséquences les plus heureuses » ? Et le court résumé de l'histoire militaire de la Prusse, que nous fait Bernhardi, évoque la fameuse phrase : « *La guerre est l'industrie nationale de la Prusse* » (1).

Les idées de Bernhardi sont dans la bonne tradition allemande. La menace de guerre a toujours été « un moyen de chantage » allemand, l'histoire de ces dernières années nous l'a bien prouvé. Elle fait partie de l'enseignement de Frédéric II : la menace de guerre est excellente à condition d'être appuyée par une armée puissante, car « des pourparlers sans armes sont comme de la musique sans instruments » (2).

Comme Bernhardi, de Moltke pense que, dans certaines circonstances, l'homme d'Etat a « le devoir moral et politique de provoquer la guerre ». « Il faut laisser de côté les lieux communs sur la responsabilité de l'agresseur. Lorsque la guerre est devenue nécessaire, il faut la commencer dès qu'on a toutes les chances de son côté, seul le succès décide » (3).

(1) Mirabeau, *Histoire de la Prusse*.

(2) Bernhardi, *L'Allemagne et la prochaine guerre*, p. 47.

(3) Rapport de M. Cambon au ministre Pichon, du 6 mai 1913 *(Livre Jaune français)*.

Enfin l'intellectuel Lasson résume les idées des militaires sous une forme plus brutale et plus cynique : « Seule la crainte d'une puissance étrangère peut imposer des bornes à l'expansion extérieure de l'Etat. Toute intervention que n'encouragent pas de favorables auspices doit être abandonnée ; mais, si le succès est assuré, elle n'est pas seulement justifiée, elle peut devenir un devoir de l'Etat vis-à-vis de lui-même » (1).

(1) Lasson, *Das Kulturideal und der Krieg*, p. 82, cité par Dampierre, *L'Allemagne et le Droit des gens*, p. 55.

CHAPITRE IV

Les Conventions internationales

Il peut arriver qu'un traité conclu par un Etat ne corresponde plus à la réalité, et qu'il devienne une gêne pour cet Etat. Aussi la doctrine générale et la pratique internationale ont admis qu'un traité peut être dénoncé par l'un des contractants. On suppose qu'il y a dans tout traité une clause implicite, la clause *rebus sic stantibus*, qui permet à chaque contractant de se libérer quand le traité ne correspond plus à sa situation actuelle.

L'application de cette clause est délicate, car ce serait porter atteinte au respect dû aux traités, que de les subordonner au caprice de l'un des contractants. C'est pourquoi, à la première réunion de la Conférence qui a abouti au traité de Londres du 13 mars 1871, les plénipotentiaires ont posé le principe suivant : « C'est un principe essentiel du Droit des gens qu'aucune puissance ne puisse se libérer des engagements d'un traité, ni en modifier les stipulations qu'à la suite de l'assentiment des puissances contractantes, au moyen d'une entente amicale ».

Voyons comment les Allemands comprennent et appliquent ce principe.

Bernhardi a écrit dans un de ses ouvrages : « *Le droit ordinaire* se voit, il est vrai, souvent violé par la politique, mais ce droit, ainsi qu'on l'a prouvé plus haut (1), n'est jamais absolu ; c'est une création humaine, et, comme telle, imparfaite et variable. Il y a des circonstances où il ne répond plus à la réalité des choses, où le *summum jus, summa injuria* devient une réalité à la lumière de laquelle la violation de ce droit paraît moralement légitime. La résolution d'York de conclure la convention de Tauroggen fut indubitablement une violation du droit, mais ce fut cependant un acte moral, car l'alliance franco-prussienne était une alliance imposée et en opposition avec tous les intérêts vitaux de la Prusse ; cette alliance était, dans son essence même, fausse et immorale : or, il est toujours légitime de mettre fin à un état de choses immoral » (2).

C'est là le point de départ de la conception allemande du respect dû par l'Etat à sa propre signature. Les Conventions internationales n'ont, pour les Allemands, qu'une valeur tout à fait relative. Une Convention internationale, au moment où elle est conclue, est conforme à l'état de chose existant, elle présente une utilité et doit être observée. Mais si elle cesse d'être avantageuse, elle tombe d'elle-même ;

(1) Cf. *supra*, p. 41.
(2) Bernhardi, *L'Allemagne et la prochaine guerre*, p. 44.

l'Etat est dégagé automatiquement et reprend sa liberté, sans même avoir à prévenir les cosignataires.

§ 1. — Les Traités

Cette conception n'est pas nouvelle, elle est dans la tradition allemande, puisque dès 1746, Frédéric II écrivait : « Le premier devoir du souverain est d'assurer le bonheur de ses peuples. Dès qu'il aperçoit un danger pour eux dans un traité, il doit donc le violer, à regret, mais sans hésiter..... Un prince qui s'oblige n'oblige pas que lui. Il expose de grands Etats, des provinces, à une infinité de maux. Par conséquent, il vaut mieux qu'il viole sa foi que de ruiner son peuple » (1). Le vieux Fritz était d'accord avec lui-même quand il envahissait la Silésie, malgré son alliance avec Marie-Thérèse ; quand il abandonnait à deux reprises ses alliés les Français en 1742 et 1745. La tradition n'a pas été perdue et l'idée de Frédéric II a été reprise de nos jours par Treitschke et par Bernhardi.

1° *La Conception de Treitschke*

Les traités ne sont jamais conclus par un Etat qu'avec la restriction tacite : *rebus sic stantibus.*

(1) Cité par Jacques FLACH, *Essai sur la formation de l'esprit public allemand*, p. 45.

« Tout traité est une limitation volontaire de la puissance de chaque Etat, et tous les traités du Droit international comportent la clause : *rebus sic stantibus*. Un Etat ne peut évidemment pas lier pour l'avenir sa volonté à celle d'un autre Etat. Il n'y a pas de juge au-dessus de l'Etat, et aussi tous ses traités ne seront signés qu'avec cette restriction tacite.

« Cela est confirmé par cette vérité, que tant qu'il y aura un Droit international, les traités entre les Etats belligérants cessent du moment de la déclaration de guerre. Chaque Etat, parce que souverain, a le droit indiscutable de déclarer la guerre quand il veut ; et par suite, est libre d'abroger les traités qu'il a conclus. Le progrès de l'histoire repose sur cette évolution constante des traités ; chaque Etat doit veiller à ce que ses traités soient vigoureux et non démodés, pour qu'un autre Etat ne les lui dénonce pas par une déclaration de guerre (1). »

Chaque Etat a donc le droit de rompre les traités quand il estime que les circonstances sont changées : « Jamais un Etat n'a eu, ni n'aura l'idée, quand il conclut un traité de sa pleine volonté, de le considérer comme éternel. Un Etat ne peut pas conclure, pour l'éternité, un traité qui restreint sa volonté. Il se réserve toujours le droit de rompre ce traité, qui n'a de valeur qu'autant que les circonstances présentes ne changent pas. Cette proposition, qui paraît immorale, est au fond très morale » (2).

(1) Treitschke, *Politik*, t. I, p. 37-38.
(2) Treitschke, *op. cit.*, t. II, p. 550.

« Les traités du Droit international qui limitent la volonté d'un Étàt ne sont pas des limites absolues, mais des limites volontaires » (1), qu'il pourra rompre suivant son bon plaisir. Si les cosignataires ne sont pas alors de cet avis, il le leur inposera par la force : « Si un État constate que les traités existants ne correspondent plus à la réalité, et si l'autre État ne veut pas les remplacer pacifiquement, alors c'est le procès entre peuples, c'est la guerre » (2). Les tribunaux d'arbitrage, forcément partiaux, n'ont rien à voir en cela, car « jusqu'à la fin de l'histoire les armes conserveront leur droit ; et c'est ce qui fait la sainteté de la guerre » (3).

2° *La Conception de Bernhardi*

C'est la même que celle de Treitschke, mais exprimée avec plus de violence. Pour lui, l'intérêt de l'État est la seule chose qui importe réellement : « L'intérêt de l'État conçu, cela va sans dire, au point de vue moral le plus élevé, décidera toujours en dernier ressort. Frédéric le Grand fut toute sa vie accusé de perfidie parce qu'aucune convention, aucun traité ne purent le contraindre à renoncer à son droit d'agir librement ». (Treitschke, *Histoire allemande*, t. I, p. 52-53) (4).

(1) Treitschke, *op. cit.*, t.I, p. 38.
(2) Treitschke, *op. cit.*, t. II, p. 552.
(3) Treitschke, *op. cit.*, t. I, p. 39.
(4) Bernhardi, *L'Allemagne et la prochaine guerre*, p. 281-282.

Et pour Bernhardi, Frédéric II avait bien le droit d'agir librement, de ne pas se laisser entraîner par des traités et conventions, car « toutes les ententes internationales n'auront toujours qu'une valeur conditionnelle, c'est-à-dire ne garderont leur effet qu'autant que les circonstances, au moins dans leur ensemble, resteront les mêmes que celles dans lesquelles ces ententes avaient été conclues. On ne peut exiger d'aucun État que, pour l'amour d'un engagement reposant sur le Droit positif, il mette en jeu son existence, quand celle-ci peut être mieux et plus sûrement assurée par d'autres voies. L'opportunité de ce cas, il est vrai, pourra être jugée la plupart du temps différemment, suivant la diversité des points de vue » (1).

Ainsi le Droit des gens exige une déclaration de guerre explicite avant l'ouverture des hostilités. Mais « le Droit formel ne peut, en aucun cas, restreindre la liberté de l'État, surtout s'il s'agit de sa conservation, comme ce fut le cas pour le Japon dans la guerre de Mandchourie. Si le Japon n'avait pas tout de suite obtenu une suprématie maritime absolue, sa lutte contre la Russie eût été sans espoir. Il avait donc le droit de recourir à des moyens extrêmes » (2).

Et ce qu'a fait le Japon, son amie l'Angleterre est capable de le faire : « Nous devons même nous attendre à une attaque en pleine paix, ce pays n'ayant

(1) Bernhardi, *Notre Avenir*, p. 54.
(2) Bernhardi, *L'Allemagne et la prochaine guerre*, p. 246.

pas l'habitude de laisser limiter son action par des considérations idéales, lorsque son avantage est en jeu » (1).

Aussi, croire à la bonne foi des autres Etats serait un danger pour l'Allemagne : « Quand bien même cette route commerciale (ravitaillement de la Triplice par la Turquie) serait neutralisée, comme il en est actuellement beaucoup question, on sait à quoi s'en tenir sur la valeur de ces *garanties de papier* » (2). Et de même, « ce serait une illusion dangereuse de croire qu'une *garantie de papier* pourrait préserver de ce malheur (son écrasement pendant la dernière guerre des Balkans) ce qui reste actuellement de la Turquie » (3).

Les traités ne sont donc que des garanties de papier. A la veille de la guerre, l'Allemagne ne doit pas l'oublier ; qu'elle se méfie dans ses conventions avec la Triple-Entente, et quand elle jugera les conditions favorables, qu'elle n'hésite pas à déchirer les papiers écrits : « Par une activité incessante, notre politique doit s'efforcer de créer les conditions les plus favorables pour la lutte qui s'approche. Bien que pour réaliser un objectif particulier, elle puisse marcher d'accord temporairement avec les autres grandes puissances, elle doit toujours avoir conscience qu'un arrangement avec les Etats de la Triple-Entente ne peut être que provisoire et limité par sa

(1) Bernhardi, *L'Allemagne et la prochaine guerre*. p. 162.
(2) Bernhardi, *Notre Avenir*, p. 171.
(3) Bernhardi, *Notre Avenir*, p. 161.

nature à un but déterminé, que son maintien ne peut être garanti tout au plus que par un papier écrit. Il faut donc qu'elle soit décidée à intervenir par les armes, dès que nos intérêts seront mis sérieusement en péril : car la responsabilité encourue par celui qui provoque une guerre dans les conditions les plus favorables est infiniment moindre que celle qui pèse sur l'homme amenant une guerre malheureuse sur sa patrie, pour des avantages éphémères ou par manque de résolution » (1).

§ 2. — L'Opinion allemande et les petits Etats

Avec les théories allemandes sur la force-source du droit et la puissance-essence de l'Etat, il est facile de prévoir ce que l'opinion allemande peut penser des petits Etats, qui ne sont pas assez puissants pour imposer par la force leur volonté à leurs voisins.

Nous avons vu plus haut que Treitschke trouve ridicule qu'un Etat de second ordre, qu'un Etat incomplet comme la Belgique puisse émettre son avis sur les questions de Droit international (2). Quelle importance peut avoir pour un Allemand ce que pense un tout petit Etat, et quel poids peut-il avoir dans des conflits internationaux ?

En Droit international, il n'y a que la force qui ait une vraie valeur ; et le juriste Bluntschli peut décla-

(1) Bernhardi, *Notre Avenir*, p. 162-163.
(2) Cf. *supra*, p. 15.

rer que « la neutralité, lorsqu'on ne peut recourir aux armes pour la faire respecter, est bien peu sûre, et les belligérants seront facilement tentés de n'en pas tenir compte pour peu qu'ils y trouvent leur avantage » (1).

Pour Treitschke, « il y a un ridicule indubitable dans l'existence d'un petit Etat..... L'Etat qui n'a pas plus de force qu'une coquille d'œuf ne peut pas protéger..... » (2) ses sujets, il ne peut pas se protéger lui-même. L'impuissance des petits Etats de l'Europe centrale a contribué à l'unification de l'Allemagne. Que pouvaient-ils faire seuls avec leurs toutes petites armées ? « Parce qu'aujourd'hui une armée de 20.000 hommes est tout au plus un petit corps d'armée, les petits Etats de l'Europe centrale n'ont pas pu à la longue se maintenir » (3).

Il n'y a de place dans notre société d'Etats que pour les Etats puissants, « tout le développement de notre société d'Etats tend sans aucun doute à éliminer les Etats de second rang » (4). On voit bien encore aujourd'hui quelques petits Etats · « Il y a bien des Etats qui se maintiennent, non pas positivement par leur propre force, mais négativement par des considérations de l'équilibre européen ; c'est évident pour la Suisse, la Belgique, la Hollande » (5).

(1) Bluntschli, *Droit international codifié*, art. 748, note 1.
(2) Treitschke, *Politik*, t. I, p. 43.
(3) Treitschke, *op. cit.*, t. I, p. 41.
(4) Treitschke, *op. cit.* t. I, p. 42.
(5) Treitschke, *op. eil.*, t. I, p. 42.

Mais que l'équilibre européen se déplace, et ils disparaîtront comme ont disparu les autres.

Dans un ouvrage écrit à la veille de la guerre par un anonyme pour qui le kaiser était trop peu allemand, nous trouvons la même idée exprimée encore plus violemment : « En ce qui concerne la Belgique et la Hollande, ces deux nations doivent avoir pleine conscience que la prochaine guerre décidera de leur avenir. Du train dont vont les choses en Europe, on peut dire carrément que les petits Etats ont perdu par cela même leur droit d'exister, car un Etat ne saurait faire valoir ses droits à l'indépendance que s'il peut les défendre le glaive à la main..... Il nous est impossible de laisser subsister à notre frontière nord-ouest deux petits Etats qui ne possèdent aucun moyen de défense contre une violation de leur neutralité par l'Angleterre et la France..... Partant, nous devrons, dès que notre antagonisme avec l'Angleterre et la France (ou avec une seule de ces nations) donnera naissance à un conflit armé, mettre la Hollande et la Belgique en demeure de choisir entre nos adversaires et nous » (1).

Ce dédain pour les petits Etats est dans la bonne tradition allemande. Il est conforme à ces paroles d'Hégel : « Dans la marche nécessaire et rationnelle que suit l'évolution de l'Idée, le peuple qui représente un certain stade de cette évolution possède, à l'en-

(1) FRYMANN, *Wenn ich der Kaiser wäre*, cité par DAMPIERRE, *L'Allemagne et le Droit des gens*, p. 90.

contre de tous les autres, un droit absolu. Les autres peuples n'ont contre lui aucun droit. Ceux dont le stade est passé ne comptent plus pour rien dans l'histoire du monde » (1).

Aujourd'hui, les petits Etats ne sont plus rien dans l'évolution de l'Idée ; ils ne comptent plus. L'Allemagne représente le stade actuel de l'Idée ; elle a un droit absolu à l'encontre de tous ; les Etats secondaires devront la suivre de gré ou de force :

« Und bist du nicht willig,
So brauche ich Gewalt (2) ! »

§ 3. — La Violation de la neutralité des petits Etats

Il n'est pas étonnant qu'avec une pareille conception du droit des petits Etats, l'Allemagne ait violé sans hésitation la neutralité de la Belgique et du Luxembourg, et que cet acte ait été approuvé chez elle, aussi bien par les juristes que par les militaires. Il était justifié à leurs yeux par un énorme avantage : éviter notre frontière de l'Est, qui, trop fortifiée, était un obstacle trop sérieux. C'était la réalisation du plan d'offensive exposé par le Général von Bernhardi dans la *Guerre d'aujourd'hui* (3). C'était le plan prévu par l'Etat-Major allemand, et qui avait fait décider la

(1) Cité par Jacques FLACH, *Essai sur la formation de l'esprit public allemand*, p. 53.
(2) *Le Roi des Aulnes*.
(3) Cf. *supra*, p. 2.

construction de voies ferrées, de gares, de camps d'instruction à la frontière luxembourgeoise pendant ces dernières années.

Je crois pourtant qu'avant la guerre ce projet n'était pas très répandu en Allemagne en dehors des cercles officiels. Bernhardi ne l'a exposé qu'avec une timidité relative et avec la restriction : « Quand on néglige toutes les conditions politiques..... ». Dans ses œuvres, il est question souvent, très souvent, de la violation de la neutralité des petits Etats, Suisse, Belgique, Hollande, mais uniquement par la France et par l'Angleterre. Voici quelques citations caractéristiques :

« Au cas où la guerre (de la France) contre nous devrait être menée de concert avec l'Angleterre, on peut certainement admettre que les principales forces alliées essaieraient de tourner notre aile droite en passant par la Belgique et la Hollande, et de pénétrer dans le cœur de l'Allemagne par la grande trouée Wesel-Flessingues (1). »

« Notre frontière de l'ouest, forte en elle-même, peut être facilement tournée par la Belgique et la Hollande. Aucun obstacle naturel, aucune puissante forteresse ne s'opposent à l'invasion, et la neutralité n'est qu'un *rempart de papier* (2). »

« Nous devons..... nous attendre..... à un débarquement de troupes britanniques sur le continent et

(1) Bernhardi, *L'Allemagne et la prochaine guerre*, p. 151.
(2) Bernhardi, *L'Allemagne et la prochaine guerre*, p. 156.

à la violation de la neutralité hollando-belge par nos adversaires. Une offensive française par la Suisse serait assez probable, s'il se produisait une transformation radicale du groupement des Etats européens (1). »

« Si une armée allemande se tient sur la défensive à notre frontière de l'ouest, nous ne pouvons savoir d'avance si les Français s'avanceront avec le gros de leurs forces à travers la Belgique, ou s'ils vont essayer de passer dans le sud de l'Allemagne (éventuellement par la Suisse) ou s'ils vont tenter une attaque centrale dans la direction de Mayence (2). »

De même, Bluntschli nous avait déjà accusés d'avoir en 1870 menacé la neutralité belge : « Pendant la guerre franco-allemande, de nouvelles garanties furent assurées sur la proposition de l'Angleterre à la neutralité belge menacée par la France (Traité des 9 et 11 août 1870 » (3).

L'Allemagne ne croyait donc pas que l'on respecterait encore une neutralité dans une guerre. Mais elle croyait que c'était là une idée admise par les autres États, garants de la neutralité belge, et que l'Angleterre trouverait normale sa violation par l'Allemagne. C'est ce qu'a exprimé, le 4 août 1914, le chancelier de Bethmann-Hollweg à l'ambassadeur d'Angleterre Sir Edward Goschen, qui venait de l'informer de la décision prise par son pays : « Il a dit que la mesure prise

(1) Bernhardi, *L'Allemagne et la prochaine guerre*, p. 287-288.
(2) Bernhardi, *La Guerre d'aujourd'hui*, t. II, p. 306.
(3) Bluntschli, *Droit international codifié*, art. 745, note 1, b.

par le gouvernement de S. M. britannique était terrible au dernier point ; juste pour un mot : *neutralité ;* un mot dont, en temps de guerre, on n'a si souvent tenu aucun compte ; juste pour un *bout de papier*, la Grande Bretagne allait faire la guerre à une nation, a elle apparentée, qui ne désirait rien tant que d'être son amie » (1).

L'opinion publique, en Allemagne, n'avait pas été ouvertement préparée à cette violation du Droit des gens ; mais elle était si déformée, qu'elle l'a admise et approuvée de suite, dès qu'on lui a eu dit qu'il s'agissait d'un énorme avantage pour l'Empire, et que, l'honneur important moins que la victoire, il fallait d'abord écraser la France.

C'est ce que Bethmann-Hollweg a déclaré au Reichstag le 4 août 1914 : « Nous nous trouvons en état de légitime défense, et la nécessité ne connaît pas de loi. Nos troupes ont occupé le Luxembourg, peut-être déjà pénétré en Belgique. C'est en contradiction avec les prescriptions du Droit des gens. La France, il est vrai, a déclaré à Bruxelles qu'elle était résolue à respecter la neutralité de la Belgique aussi longtemps que l'adversaire la respecterait ; mais nous savons que la France se tenait prête pour envahir la Belgique. La France pouvait attendre, nous pas. Une attaque française sur notre flanc, dans le Bas-Rhin, eût pu nous être fatale. C'est ainsi que nous avons été forcés de passer outre aux protestations justifiées

(1) *Livre Bleu anglais*, n° 78.

des gouvernements luxembourgeois et belge. L'injustice que nous commettons de cette façon, nous la réparerons dès que notre but militaire sera atteint » (1).

La nécessité n'a pas de loi : cela justifie toutes les injustices aux yeux des Allemands. A l'usage des neutres, peut-être moins larges d'idées, on a ajouté que l'on avait des preuves de n'avoir fait que devancer en Belgique la France et l'Angleterre.

C'est ce que dit le Manifeste des 93 : « *Il n'est pas vrai* que nous ayons violé criminellement la neutralité de la Belgique. Nous avons la preuve irrécusable que la France et l'Angleterre, sûres de la connivence de la Belgique, étaient résolues à violer elles-mêmes cette neutralité. De la part de notre patrie, c'eût été commettre un suicide que de ne pas prendre les devants ».

C'est ce qu'un signataire de ce manifeste, Lujo-Brentano, a osé écrire à des Français : « Ce que vous dites au sujet de la violation de la neutralité belge par l'Allemagne n'est compréhensible que si j'admets que vous êtes restés dans l'ignorance absolue des documents qui, ces derniers temps, ont été publiés, et qui prouvent à l'évidence que, depuis des années déjà, la France et l'Angleterre s'étaient mises d'accord de violer la neutralité belge dans le cas qu'elles feraient ensemble la guerre contre l'Allemagne. Que la guerre une fois éclatée, il n'existe plus d'autre

(1) Cité dans *J'accuse*, par un Allemand, p. 321.

considération que d'assurer la victoire à la patrie, est une chose contre laquelle vous n'avez pas le droit de réclamer; les Français, n'importe où se trouvaient leurs troupes, n'ont jamais connu d'autre considération que la victoire. La nation française, en particulier, a été rigoureuse entre toutes dans l'application de ce principe militaire qui ordonne que toute personne non uniformisée, qui prendra part aux combats, sera fusillée. C'est une des choses les plus douloureuses que dans la guerre il y a toujours des innocents qui souffrent avec les coupables ; la malédiction retombe sur ceux qui ont provoqué une guerre aussi effroyable que celle qui déchire le monde aujourd'hui » (1).

C'est ce que l'on raconte encore aux soldats allemands : « Les rapports des ambassadeurs belges à Berlin, à Paris et à Londres, que nous avons trouvés après la prise de Bruxelles, montrent clairement l'entente croissante entre les alliés, et les préparatifs militaires pour l'offensive anglo-française contre l'Allemagne à travers la Belgique » (2).

« Une irruption par la Belgique dans nos régions industrielles y aurait arrêté le travail et la guerre aurait été perdue dès le début. Un des buts évidents

(1) Le manifeste des Kulturkrieger (publication du *Journal des Economistes*, p. 11. Réponse de Lujo Brentano, professeur d'économie politique à l'Université de Munich, à une lettre de MM. Yves Guyot et Bellet au sujet du manifeste signé par lui.

(2) *Die Heimat grüsst. Weinachts-Almanach fur die Kruppschen. Werksangehörigen im Felde* (Un bonjour du pays, Almanach de Noël pour les ouvriers des usines Krupp aux armées), p. 39.

de cette guerre doit donc être de maintenir une guerre future éloignée du cœur du pays, de rendre la source de nos ressources militaires inaccessible à l'ennemi en toutes circonstances ; et c'est dans ce sens que le Chancelier a dit que nous devrions obtenir de réelles sécurités pour que la Belgique ne puisse jamais *servir de nouveau* les plans de nos adversaires (1). »

C'est toujours la maxime de Frédéric II : « Lorsque les princes veulent la guerre, ils la commencent, et ils font venir ensuite un juriste studieux qui prouve qu'ils ont bien agi ». Mais le juriste studieux n'a encore rien prouvé : La déformation du Droit des gens est ici trop forte pour pouvoir être justifiée par les sophismes, même les plus adroits.

(1) *Ibid.*, p. 43.

CHAPITRE V

La Belligérance

D'après les principes du Droit des gens moderne, la guerre est une relation d'Etat à Etat; et contrairement à ce qui se passait autrefois, les particuliers sont en dehors de la guerre. On a donc fait une distinction très importante entre les non combattants, habitants inoffensifs des pays, et les combattants, soldats des deux Etats. Le combattant, en cas de capture par l'ennemi, a droit au traitement des prisonniers de guerre. Le non combattant, qui se mêle aux opérations militaires, n'est plus en dehors de la guerre ; mais comme il n'est pas un vrai combattant, dont on se serait méfié, on le traite, non en adversaire loyal, mais en criminel.

Entre ces deux catégories de personnes, dont la situation est très nette, il existe un groupe intermédiaire, formé par les troupes irrégulières, et que, selon les cas, on rangera dans l'une ou l'autre des deux catégories fondamentales.

« D'une manière générale, l'histoire des guerres laisse apparaître que le haut commandement des armées régulières a toujours été enclin à traiter avec défiance les troupes irrégulières de l'ennemi, et à leur appliquer les lois de la guerre avec une sévérité particulière. Ce préjugé défavorable est fondé sur ce que le défaut d'éducation militaire et de forte discipline des irréguliers les entraîne facilement à la transgression et à l'inobservation des lois de la guerre; qu'en outre, la petite guerre qui a leur prédilection et qui, par sa nature même, laisse le champ libre à l'esprit d'entreprise, à l'arbitraire et à la passion, dégénère facilemennt en brigandage et en violences non permises; et qu'en tous cas, l'insécurité générale qu'amène l'existence de ces troupes engendre chez celles menacées plus d'exaspération, de colère et d'esprit de vengeance, et pousse à de plus cruelles représailles. Qu'on lise l'histoire des luttes des troupes françaises dans la péninsule ibérique de 1808 à 1814, dans le Tyrol en 1809, en Allemagne en 1813, le récit de celles des Anglais dans leurs différentes campagnes coloniales, des guerres carliste, turco-russe ou franco-allemande, on trouvera, partout où il s'est levé des troupes irrégulières, la confirmation de ces principes d'expérience.

« Bien que ces cas permettent d'une manière générale de conclure contre l'emploi des troupes irrégulières, il faut cependant, d'autre part, abandonner à chaque Etat le soin de décider dans quelle mesure il doit faire abstraction de ces considérations: le Droit des gens n'oblige aucun pays à ne faire la guerre qu'au moyen d'une armée permanente; bien plus, toute nation a parfaitement le droit d'appeler sous les drapeaux, à sa volonté, tous les habitants en état de porter les armes, et de les autoriser à prendre part aux opérations (1). »

Ce passage du *Kriegsbrauch* est très sage et pose nettement la question. Nous allons voir que les Allemands l'ont résolue différemment suivant le cas, et toujours à leur avantage.

§ 1. — L'Ancienne Théorie allemande, le landsturm

En 1813, alors qu'on se battait sur le sol allemand contre l'Empire français encore puissant et redoutable, l'opinion allemande était très favorable aux troupes irrégulières, qui étaient une précieuse ressource dans ces guerres d'indépendance. On leva le landsturm, la plus irrégulière des troupes, puisque le roi de Prusse lui-même prévenait ses sujets que « le landsturm n'a ni uniformes ni insignes particuliers, car ces uniformes et ces insignes serviraient à le faire reconnaître par l'ennemi et l'exposeraient à des persécutions. »

La loi du landsturm, rédigée par Bartholdi et promulguée le 21 avril 1813, développe ces idées extraordinaires :

« § 1. — Tout citoyen est tenu de s'opposer à l'en-

(1) *Kriegsbrauch im Landkriege*, p. 10-11-12.

vahisseur avec toutes les armes à sa portée et de lui nuire par tous les moyens disponibles.

« § 7. — Une guerre où le landsturm est levé est une guerre de défense désespérée qui justifie tous les moyens. Les moyens les plus tranchants sont les meilleurs, car ils donnent à la cause juste la victoire la plus complète.

« § 39. — Le landsturm ne portera pas d'uniforme pour n'être pas reconnaissable (1). »

Bien entendu, les troupes françaises fusillaient tout membre du landsturm pris sur le fait, et le Droit des gens ne peut pas le leur reprocher.

Bluntschli pensait encore au landsturm de 1813 quand il écrivait : « Les chefs militaires ne sont jamais autorisés à déclarer qu'ils considèrent comme brigands les soldats du landsturm non pourvus d'un uniforme. Le landsturm, c'est-à-dire l'ensemble des hommes valides qui ne font partie ni de l'armée active, ni de la réserve, ni de la landwehr, a le droit de prendre les armes pour défendre la patrie. Il est placé sous les ordres de son gouvernement et des autorités militaires. Les soldats du landsturm doivent donc être traités en ennemis au même titre que les soldats de l'armée régulière, active, réserve ou landwehr, et ils peuvent être faits prisonniers. On doit leur appliquer les lois de la guerre et non les lois pénales » (2).

(1) Cette loi est citée par ANDLER, *op. cit.*, p. 16.
(2) BLUNTSCHLI, *Droit international codifié*, art. 598 et note 1.

De même Bernhardi songe à une invasion ennemie en Allemagne quand il préconise la guerre nationale : « Dans certains cas, il faudra organiser la guerre nationale pour créer à l'adversaire un nouvel élément de danger et de troubles, pour rendre son exploration plus difficile et pour combler les lacunes de la ligne de défense. La guerre nationale peut réussir assez bien en s'appuyant sur des détachements de troupes régulières et en profitant des terrains favorables » (1).

Mais cette théorie, applicable quand on se bat en Allemagne, ne convient plus quand on se bat sur le sol étranger. Le Droit des gens allemand admet le landsturm, il n'admet pas les francs-tireurs. C'est ce que nous explique Bluntschli : « Lorsque les combattants se lèvent en grandes masses, comme cela a lieu en cas d'appel du landsturm, la qualité de combattant résultera avec évidence de leur nombre même, et un uniforme militaire ne sera pas nécessaire. Si l'on voulait exiger l'uniforme, on réclamerait l'impossible et on ferait dépendre la défense d'un pays de conditions qui empêcheraient les masses populaires de remplir leur devoir envers la patrie. C'est, avant tout, pour des motifs de tactique et de discipline, que les uniformes ont été introduits dans les armées et non pour des motifs de Droit international. Le droit et le devoir de défendre le sol natio-

(1) Bernhardi, *La Guerre d'aujourd'hui*, t. II, p. 378.

nal en grandes masses ne saurait dépendre de la coupe et de la couleur des habillements.

« Il en est tout autrement lorsque la lutte a lieu, non en masses, mais en petites troupes, ou même lorsque des actes d'hostilité sont le fait d'individus agissant isolément. Dans ce cas, il est totalement impossible à l'armée de faire la distinction entre l'habitant paisible et le combattant ennemi, ou éventuellement entre ce dernier et le pillard ou le maraudeur, tant que la qualité du combattant ne sera pas immédiatement reconnaissable à des signes extérieurs.

« Dans la guerre franco-allemande de 1870-71, les Allemands déclarèrent qu'ils considéreraient comme ennemis réguliers ceux-là seuls qui seraient reconnaissables comme soldats à portée de fusil, et que la blouse bleue des paysans français n'était pas suffisante à cet effet, même accompagnée d'un brassard. Un uniforme doit, en effet, lorsqu'il est réclamé, permettre de distinguer à distance le soldat de l'habitant. Ces signes distinctifs doivent être suffisamment visibles et fixes pour qu'ils ne puissent pas être à chaque moment enlevés ou cachés (1). »

(1) BLUNTSCHLI, *Droit international codifié*, art. 570 *bis*. Rem. a litt. b.

§ 2. — La Théorie allemande moderne. — Les francs-tireurs

L'Allemagne, quand elle a porté la guerre chez l'ennemi, n'admet plus les troupes irrégulières, ni la guerre nationale. On sait les mesures qu'en 1814, Schwarzenberg, Blücher et York prirent contre la levée en masse qu'avait ordonnée Napoléon. On sait aussi avec quelle cruauté les Allemands sévirent en 1870-71 contre nos francs-tireurs et même contre nos gardes nationaux ; et Bismark rendait notre gouvernement responsable de ces rigueurs :

« Le Gouvernement français actuel est lui-même le premier coupable. Il a déchaîné le soulèvement national..... C'est lui surtout qui porte la responsabilité de toute la rigueur avec laquelle nous avons, contre notre gré, et (nos campagnes d'Autriche et de Schleswig le prouvent) contre notre naturel et nos habitudes, dû appliquer le Droit de la guerre (1). »

Avant la guerre actuelle, les Allemands n'avaient pas oublié les francs-tireurs français, et leur en voulaient encore. Oubliant que la tenue de nos francs-tireurs était généralement très voyante, et reprenant les termes employés à plusieurs reprises par Bismarck, le *Kriegsbrauch* dit :

« La nécessité d'un signe suffisamment reconnais-

(1) Moritz BUSCH, *Graf Bismark und seine Leute*, cité par ANDLER, *op. cit.*, p 91.

sable n'a point été contestée du côté français, même dans les vives controverses qui s'allumèrent entre les gouvernements français et allemand, à propos du rôle des francs-tireurs dans la guerre de 1870-71. Ces controverses portaient surtout sur le point de savoir si les marques distinctives étaient suffisantes ou non. La négative a été dans bien des cas soutenue du côté allemand, à d'autant meilleur droit que le vêtement ordinaire des francs-tireurs — la blouse bleue, universellement employée dans le pays et pourvue seulement d'un brassard rouge, — était impossible à distinguer du vêtement habituel des paysans, et qu'en outre, à l'approche des troupes allemandes, ce brassard était enlevé et les armes cachées, en violation de la règle de l'intervention ouverte. Ce sont ces violations, de même que le défaut d'organisation et les méfaits qui en ont été la suite, qui ont amené et rendu nécessaires les traitements sévères appliqués aux francs-tireurs (1). »

Le général von Hartmann recommande la terreur contre toute guerre nationale : « Des particuliers peuvent être atteints durement quand on fait sur eux un exemple destiné à servir d'avertissement. Ils sont,

(1) *Kriegsbrauch im Landkriege*, p. 16, en note. Il est curieux de rapprocher de cette citation le passage suivant de Bluntschli : « Il arrive parfois qu'on emploie les uniformes ou les armes prises aux vaincus pour équiper ses propres troupes ; cet acte n'a rien d'illicite et peut même devenir une nécessité. Mais on ne doit pas se servir des uniformes de son adversaire pour le tromper pendant la bataille; il faut, dans ce cas, arborer certains insignes, *brassards par exemple*, qui permettent de distinguer les amis des ennemis. » (*Droit international codifié*, art. 583, note 1).

à coup sûr, très dignes de pitié. Toutefois, la rigueur exercée contre eux est un bienfait salutaire et qui ménage la collectivité : toutes les fois que la guerre nationale a éclaté, le *terrorisme* devient un principe militairement nécessaire..... *La terreur* apparaît comme une procédure relativement adoucie pour tenir dans l'obéissance des masses populaires qui sont tout à fait sorties de l'état juridique du temps de paix » (1).

L'officiel *Kriegsbrauch im Landkriege* se prononce dans le même sens et passe la parole au juriste Lüder : « S'il n'y a pas eu de réelle organisation militaire, — fait qui sera loin de se présenter toujours, — les particuliers n'ont pas à prendre part au combat, et les droits de l'état de guerre actif seraient refusés à ceux qui assumeraient leur commandement. Les inconvénients et les rigueurs résultant de l'application de cette règle sont moindres et moins inhumains que ceux engendrés par plus de condescendance » (2).

§ 3. — La Question des Turcos

Les colonies de l'Allemagne, de date toute récente et de valeur médiocre, ne peuvent pas lui permettre l'emploi en Europe de troupes coloniales indigènes.

(1) Hartmann, *op. cit.*, p. 462-464, cité par Andler, *op. cit.*, p. 36-37.
(2) *Kriegsbrauch im Landkriege*, p. 19. Citation extraite de Lüder, *Landkriegsrecht.*

Notre bel empire colonial est, au contraire, un réservoir d'excellents soldats, d'où nous tirons un accroissement de forces considérable. La jalousie de l'Allemagne explique sa haine contre nos tirailleurs algériens de la précédente guerre et ses tentatives pour prouver que leur emploi était contraire au Droit des gens.

Seul, l'historien Treitschke, quoique pangermaniste, a osé nous donner raison : « Il est incontestable qu'un Etat belligérant peut envoyer au feu toutes ses troupes, qu'elles soient composées de barbares ou de civilisés..... Nous, Allemands, avons reproché aux Français, dans la dernière guerre, l'emploi de turcos contre un peuple civilisé. Cela peut être dit dans la passion de la guerre ; mais la science ne doit rien dire, car il n'y avait là rien de contraire au Droit des gens » (1).

Bismarck n'admettait pas qu'on fît nos turcos prisonniers, comme de vrais soldats qu'ils étaient : « Si l'on m'écoutait, tout soldat qui aurait fait prisonnier et livré à ses chefs un gaillard pareil, serait puni des arrêts. Ce sont là des bandits, il faut les massacrer » (2).

L'Autrichien von Neumann les traite de sauvages : « Des hordes sauvages, bien qu'extérieurement organisées ou commandées, ne sauraient être rangées parmi les combattants réguliers. Nous faisons allu-

(1) TREITSCHKE, *Politik*, t. II, p. 565.

(2) Moritz BUSCH, *Graf Bismark und seine Leute*, p. 364, cité par ANDLER, *op. cit.*, p. 90.

sion aux turcos d'Afrique dans la guerre franco-allemande et aux hordes barbares des baschis-bouzouks, dont les atrocités souillèrent la Bulgarie » (1).

Bluntschli trouve aussi leur emploi contre l'Allemagne contraire au Droit international : « Le Droit international interdit aux nations civilisées d'enrôler dans leurs armées des sauvages, auxquels les lois de la guerre sont inconnues, et d'employer comme auxiliaires des troupes qui ne connaissent ni ne respectent le droit et les mœurs des peuples civilisés. L'emploi de turcos mahométans et africains par Napoléon III dans la guerre franco-allemande de 1870 a été un recul vers les époques moins civilisées, parce que ces individus ne comprenaient pas, pour la plupart, la civilisation de l'Europe chrétienne, et, en particulier, n'avaient que vaguement la notion du respect dû aux femmes et à la propriété » (2).

Le *Kriegsbrauch im Landkriege* enseigne la même chose aux officiers allemands : « L'emploi de peuples barbares ou non civilisés dans les guerres européennes offre une connexité étroite avec les procédés de guerre défendus. Au point de vue du droit, il ne peut évidemment être interdit à aucun Etat de tirer des forces combattantes de colonies extra-européennes. Toutefois, il est formellement contraire aux efforts modernes faits en vue d'humaniser les hostilités et d'en adoucir les maux, d'y employer des

(1) De Neumann, *Eléments du Droit des gens moderne*, traduction Riedmatten, p. 169.
(2) Bluntschli, *Droit international codifié*, art. 559, et note 1.

individus et des troupes ignorant les lois de la guerre civilisée, et qui, dès lors, commettront toutes sortes de cruautés et d'inhumanités réprouvées par ces lois. La mise en ligne de ces troupes est donc assimilable aux moyens de guerre illicites mentionnés plus haut. La transplantation des tirailleurs algériens, africains et mahométans sur le théâtre de la guerre européenne de 1870, devait donc être indubitablement considérée comme un retour vers la conduite barbare de la guerre, car ces troupes n'avaient et ne pouvaient avoir aucune intelligence de la civilisation européenne et chrétienne, des ménagements dus aux propriétés, de l'honneur personnel, du respect de la femme, etc. » (1).

Aussi quelle surprise pour l'Allemagne que de voir dans cette guerre paraître contre elle nos troupes noires, les Hindous de l'Empire Britannique, et bientôt les Peaux-Rouges des États-Unis d'Amérique, luttant tous pour la civilisation contre la barbarie. Et elle pousse tout entière le cri de rage du Manifeste des 93 : « Ceux qui s'allient aux Russes et aux Serbes, et qui ne craignent pas d'exciter les Mongols et les Nègres contre la race blanche, offrant ainsi au monde civilisé le spectacle le plus honteux que l'on puisse imaginer, sont certainement les derniers qui aient le droit de prétendre au rôle de défenseurs de la civilisation européenne ».

(1) *Kriegsbrauch im Landkriege*, p. 24.

CHAPITRE VI

Les Hostilités. — Kriegsbrauch et Kriegsraison

Le *Règlement concernant les lois et coutumes de la guerre sur terre* dit, dans son article 22 : « Les belligérants n'ont pas un droit illimité, quant au choix des moyens de nuire à l'ennemi ». Il ne fait qu'exprimer là une idée universellement admise aujourd'hui : la guerre est un acte de violence ; mais il doit exister, dans la manière de la faire, des limites que la raison, l'humanité, l'honneur, interdisent de dépasser. Toutes les nations civilisées s'étaient mises d'accord pour s'interdire des procédés de guerre trop cruels ou trop déloyaux ; et à la suite des Conventions de Saint-Pétersbourg et de la Haye, elles s'étaient engagées, à charge de réciprocité, à ne pas employer de pareils procédés.

Certains auteurs allemands avaient cependant, dans leurs ouvrages, établi une distinction entre le droit de la guerre, la loi de la guerre normalement applicable, ou Kriegsbrauch, et les dérogations à cette loi dans certains cas prévus par la raison de guerre ou Kriegsraison. La Kriegsraison autoriserait des procédés prohibés par la loi normale, pillages, incendies, otages, etc. Et cette Kriegsraison s'appliquerait, non seulement à titre de représailles, ce qui s'explique, mais encore en cas d'extrême nécessité, ou pour rétablir l'égalité du combat.

Les juristes français et anglais s'étaient prononcés contre cette théorie qui est la négation même du droit de la guerre, et une application déloyale de l'adage « la fin justifie les moyens ». La loi de la guerre, une fois acceptée, doit être appliquée loyalement en toutes circonstances, *etiam hosti fides servanda;* la Kriegsraison serait invoquée à tous propos par le belligérant, et légitimerait toutes les atrocités.

Le Gouvernement allemand avait signé les Conventions de la Haye : on aurait pu croire cette théorie abandonnée. Mais la guerre nous a montré qu'il n'en était rien, et que, dans l'armée allemande, la Kriegsraison justifiait tout.

C'est ce qu'exprime ce passage du rapport officiel français sur les atrocités allemandes : « Si quelque malheureux habitant osait supplier un officier de vouloir bien intervenir pour épargner une vie ou pour protéger des biens, il ne recevait d'autre réponse, quand il n'était pas accueilli par des menaces, qu'une invariable formule accompagnée d'un sourire, et mettant sur le compte des *fatalités inévitables de la guerre* les abominations les plus cruelles » (1).

Non, cette théorie n'était pas abandonnée en Alle-

(1) *Les Atrocités allemandes*, p. 8.

magne. Les juristes l'avaient exposée dans leurs ouvrages ; les militaires déclaraient que les lois de la guerre ne s'appliquaient que lorsque les nécessités militaires le permettaient ; et toute l'Allemagne, confiante dans la force de ses armes et dans son succès, était prête, pour en finir au plus vite, à violer toutes les règles qu'elle avait elle-même approuvées.

§ 1. — Les Théories des juristes

La distinction entre le Kriegsbrauch et la Kriegsraison a déjà été exprimée en 1861, dans la dernière édition du juriste Klüber : « Il ne peut être dérogé à cette loi (Kriegsbrauch) qu'en cas de rétorsion, ou dans des circonstances extraordinaires, toujours par exception, et seulement dans les cas prévus par la coutume qu'on appelle raison de guerre (Kriegsraison). Le Droit des gens naturel n'approuve ces mesures extraordinaires qu'autant qu'elles répondent au but de la guerre, qu'elles sont employées pour la bonne cause, et ne préjudicient pas au droit des tiers » (1). Il suffit donc que ces mesures répondent au but de la guerre, qui est d'imposer par la violence sa volonté à l'adversaire.

Aussi, le Germano-Américain Lieber a-t-il pu écrire, deux ans plus tard, dans les *Instructions pour les armées en campagne des Etats-Unis d'Amérique :*

(1) Klüber, *Droit des gens moderne de l'Europe*, édition de Ott, p. 314.

« La guerre ne se fait pas seulement par les armes, il est conforme à nos lois de réduire l'ennemi, armé ou désarmé, par la famine, dans le but de le soumettre plus promptement..... (1). Plus les guerres sont conduites avec rigueur, mieux s'en trouve l'humanité. Les guerres n'en sont que plus courtes » (2).

Heffter a ensuite exprimé la même idée que Klüber : « Des circonstances exceptionnelles, tirées de l'extrême nécessité, ou du besoin de rétablir l'égalité du combat, permettent seules de s'en affranchir (du Kriegsbrauch), et de faire ce qui est de raison momentanément » (3).

L'Autrichien von Neumann dit la même chose : « Une nécessité impérieuse, ou la conduite d'un adversaire qui, usant de tous les moyens, provoquerait ainsi des représailles terribles, peuvent seules donner lieu à *la raison de guerre* ou retour à l'absolue rigueur du droit de la guerre » (4).

Il est vrai qu'il remarque judicieusement que « l'ennemi, qui se livre à une guerre de destruction et foule aux pieds les lois de la guerre, provoque naturellement contre lui les mêmes violences » (5).

Enfin, en 1891, Holtzendorff a écrit lui aussi : « *Lorsqu'une nécessité impérieuse ne l'exige pas*, non

(1) Lieber, *op. cit.*, art. 17.

(2) Lieber, *op. cit.*, art. 29.

(3) Heffter, *Le Droit international de l'Europe*, édition de Geffken, p. 261.

(4) De Neumann, *Éléments du Droit des gens moderne européen*, traduction de Riedmatten, p. 153.

(5) *Ibid.*, p. 172.

seulement la morale, mais aussi les lois de la guerre, prescrivent de ne pas tuer des personnes sans défense, des femmes, des enfants, et de ne pas piller les propriétés des habitants du pays envahi » (1).

Tous ces juristes sont donc d'accord pour admettre que, dans certaines circonstances, on peut ne pas appliquer les lois de la guerre. On pourra les laisser de côté quand l'ennemi ne les appliquera pas, et il n'y a là rien que de très raisonnable. Mais, ce qui est plus fort, c'est qu'on pourra les violer en cas de nécessité impérieuse, pour rétablir l'égalité du combat, et quand elles seraient une entrave à l'écrasement de l'adversaire.

Que reste-t-il alors du droit de la guerre, si les juristes eux-mêmes reconnaissent que l'on peut le violer lorsqu'on y a avantage?

C'est là le point de départ juridique de l'opinion allemande que tous les moyens sont bons, qui contribuent à faire atteindre au plus vite la paix victorieuse, seul but de la guerre. Treitschke était d'accord avec les juristes allemands quand il disait, au moment de la première conférence de La Haye : « La guerre doit être conduite de la façon la plus efficace pour atteindre au plus vite son but, la paix. Aussi, il faut s'attacher à frapper l'ennemi en plein cœur. Les armes les plus cruelles sont parfaitement permises, à l'exception de celles qui occasionnent des souffrances

(1) Von Holtzendorff, *Eléments de Droit international public*, traduction française, p. 166.

inutiles aux blessés..... On a le droit d'utiliser toutes les faiblesses de l'ennemi. Il est permis de se servir, pour atteindre son but, des conspirateurs et des insurgés de l'Etat ennemi » (1).

§ 2. — Les Théories des militaires

1° Clausewitz

Pour ce grand théoricien de la guerre, la guerre est le règne de la violence absolue, et il serait absurde de supposer qu'on pourrait y limiter l'emploi de la violence : « Quiconque se sert de la force sans égard aucun et sans épargner le sang, a, tôt ou tard, la prépondérance, si l'ennemi ne procède pas comme lui-même. On ne saurait introduire dans la philosophie de la guerre un principe de modération sans commettre une absurdité » (2).

Un général ne peut être humain sans danger pour sa patrie : « Je n'aime pas à entendre parler de généraux qui sont vainqueurs sans verser de sang. Il ne s'agit pas d'émousser les épées que nous portons ; il viendrait tôt ou tard un homme de guerre qui, d'un glaive acéré, nous trancherait du corps jusqu'aux bras qui portent ces épées » (3).

Le but de la guerre, c'est d'amener l'adversaire à

(1) TREITSCHKE, *Politik*, t. II, p. 564.
(2) CLAUSEWITZ, *Vom Kriege*, t. I, p. 4, cité par LAVISSE et ANDLER, *Pratique et doctrine allemandes de la guerre*, p. 25.
(3) CLAUSEWITZ, *Vom Kriege*, t. I, p. 269, cité par ANDLER, *op. cit.*, p. 10.

s'incliner et à obéir à notre volonté ; il faut pour cela user toutes ses forces sans aucune distinction, et tous les moyens doivent être employés : « L'usure des forces de l'adversaire consiste à user ses forces militaires. Donc, nous devons les détruire. Elle consiste aussi à perdre ses provinces. Donc, nous devons les conquérir. En dehors de ces deux objets, il y a encore deux méthodes qui tendent à augmenter la dépense de forces de l'adversaire. La première est l'invasion, c'est-à-dire l'occupation de provinces ennemies, non pas dans le dessein de les garder, mais pour y lever des contributions de guerre, voire pour les dévaster. L'objet immédiat n'est pas ici de conquérir le pays, ni d'anéantir la force combattante de l'ennemi, mais plus généralement de causer du dommage à l'ennemi. La seconde méthode est de diriger nos entreprises contre des objets dont la destruction augmente le dommage de l'adversaire » (1).

2° Hartmann

Le général Julius von Hartmann est, lui aussi, d'avis qu'il faut faire à l'ennemi le plus de mal possible, même en dehors de ses forces militaires : « La misère et le dommage de l'ennemi sont des conditions nécessaires pour ployer et briser sa volonté. Dans leur efficacité réside leur indiscutable justification, dès que l'on peut assurer, par ces moyens, la poursuite d'une fin guerrière exactement

(1) Clausewitz, *op. cit.*, t. I, p. 31, cité par Andler, *op. cit.*, p. 53

définie. On n'y doit voir les résultats d'une barbarie condamnable que s'ils sont provoqués pour une autre fin, ou s'ils lui sont disproportionnés.

« Une apparente dureté, une apparente rigueur se changent en leurs contraires dès qu'elles parviennent à amener l'ennemi à demander la paix ; les ménagements et la douceur sont des cruautés, quand ils perdent de vue le but de la guerre et retardent la conclusion de la paix (1).....

« Une guerre conduite sans ménagements sert mieux au bien de l'humanité. Les guerres conduites durement sont courtes (2). »

Toutes les tentatives pour humaniser la guerre risquent d'entraver la liberté d'action de l'autorité militaire. L'autorité militaire seule peut décider, en dernier ressort, dans quelle mesure la nécessité militaire lui permet d'être humaine : « Les Etats peuvent, soit faire observer dans leurs armées, comme allant de soi, telle ou telle pratique de la guerre, soit faire expressément reconnaître la validité d'une telle pratique généralisée. Ils peuvent conclure des traités internationaux, qui garantissent certaines mesures propres à limiter l'arbitraire du pouvoir militaire ou à le mettre d'accord avec les coutumes habituelles de la guerre. Ils peuvent enfin en venir à proclamer un code de guerre, qui prescrive au pouvoir militaire des directives fermes et fixes dans le sens de

(1) HARTMANN, *Deutsche Rundschau*, t. XIII, p. 123, cité par ANDLER, *op. cit.*, p. 58.

(2) HARTMANN, *op. cit.*, p. 119, cité par ANDLER, *op. cit.*, p. 30.

l'humanité. Mais les Etats ne doivent pas se laisser guider en cela par des principes juridiques généraux ; il leur faut éliminer de leurs stipulations tout ce qui pourrait, en quelque manière, entraver ou compromettre la liberté et la continuité de l'action guerrière ; ils dépendent donc, là encore, absolument, des circonstances concrètes particulières qu'entraîne la guerre, c'est-à-dire de la nécessité militaire » (1).

En se laissant guider par des principes juridiques généraux, les Etats méconnaîtraient que, dans la guerre, « le combattant a besoin de passion..... Tout effort militaire est personnel avant tout. Il suppose l'affirmation totale du caractère individuel. Il exige que le combattant qui fournit cet effort soit affranchi totalement des entraves d'une légalité gênante et de toutes parts oppressive..... Violence et passion, voilà les deux leviers principaux de tout acte belliqueux, et, disons-le sans crainte, de toute grandeur guerrière » (2).

3° Bismarck

Son historiographe Moritz Busch raconte que, le 8 septembre 1870, Bismarck avait à dîner chez lui, à Reims, le général américain Shéridan, et que celui-ci avait développé la thèse suivante : « La vraie stratégie consiste à porter des coups massifs à l'ennemi,

(1) HARTMANN, *op. cit.*, p. 471, cité par ANDLER, *op. cit.*, p. 63.
(2) HARTMANN, *op. cit.*, p. 122, cité par LAVISSE et ANDLER, *op. cit.*, p. 28.

en tant qu'il se compose de militaires, mais ensuite à causer tant de souffrance aux habitants du pays, qu'ils aient la nostalgie de la paix et insistent auprès de leur gouvernement pour l'obtenir. Il faut qu'il ne reste au peuple envahi que les yeux pour pleurer la guerre » (1).

Cette thèse était tout à fait conforme aux idées de Bismarck, elle les mettait sous une forme qui lui plaisait, et il la fit sienne. Ainsi, un mois plus tard, à Ferrières, quelqu'un lui faisait observer que les petites gens souffraient plus de la guerre que les riches. « Tant mieux, répondit Bismarck. Il y a plus de petites gens que de gens aisés. Nous devons garder présent à l'esprit le but de la guerre, c'est-à-dire une paix avantageuse. Plus les Français auront à souffrir, plus ils auront la nostalgie de la paix, quelques conditions que nous posions (2). »

4° De Moltke

Dans sa célèbre lettre à Bluntschli, du 11 décembre 1880, de Moltke écrit : « Le plus grand bienfait à la guerre est la fin rapide de la guerre. Il faut pouvoir disposer à cet effet de tous les moyens qui ne sont pas *absolument abominables*. Je ne puis, en aucune façon, admettre la Déclaration de Saint-Pétersbourg, qui veut que les seuls procédés légitimes à la guerre soient ceux qui se proposent d'affaiblir l'armée enne-

(1) Moritz Busch, *Graf Bismark und seine Leute*, p. 118.
(2) *Ibid.*, p. 178. Cf. Andler, *op. cit.*, p. 86.

mie. Non ! Il faut s'en prendre à toutes les ressources du gouveruement ennemi, à ses finances, à ses chemins de fer, à son ravitaillement, même à son prestige ».

Les quatre militaires sont donc tout à fait d'accord : le seul but de la guerre, c'est la paix avantageuse ; les moyens les plus cruels sont les meilleurs, parce qu'ils l'amènent plus vite ; et ils sont pour l'autorité militaire la meilleure façon d'être humaine.

§ 3. — La Doctrine officielle de l'armée allemande

Le *Kriegsbrauch im Landkriege* explique aux officiers allemands que le choix des moyens de guerre ne dépend que du commandement ; et que tous les moyens, même les plus violents, sont licites, à la seule condition d'être nécessités par le but militaire à atteindre :

« On entend par moyens de guerre toutes les mesures qu'un Etat peut prendre contre un autre pour atteindre le but de la guerre et soumettre l'ennemi à sa domination. Ces moyens rentrent dans ce double concept, la force et la ruse, et leur applicabilité est régie par le principe suivant :

« *Peut être employé, tout moyen de guerre sans lequel le but de la guerre ne pourrait être atteint. Doit au contraire être rejeté, tout acte de violence et de destruction qui n'est point nécessité par ce but.*

« Il résulte de ces principes généraux qu'il n'est

apporté au libre arbitre et à la volonté du commandement que des limites fort vagues, et que ses décisions ne seront guidées que par les principes de la religion et de la civilisation, les traditions en vigueur dans les armées et les lois générales de la guerre (1). »

Elles seront surtout guidées par les lois générales de la guerre, par la raison de guerre. Un officier allemand ne doit pas perdre de vue qu' « une guerre énergiquement conduite ne peut pas être uniquement dirigée contre l'ennemi combattant et ses dispositifs de défense ; mais qu'elle tendra et devra tendre également à la destruction de ses ressources matérielles et morales (2).

« *Si la raison de guerre* permet à chaque Etat belligérant d'employer tous les moyens de nature à l'aider à atteindre le but de la guerre, la pratique a cependant enseigné à limiter, *dans l'intérêt personnel de celui qui agit*, l'emploi de certains moyens, et à renoncer complètement à de certains autres (3). »

Un autre ouvrage officiel, *le Lieutenant d'infanterie en campagne*, paru en 1912, rappelle aussi aux officiers allemands que, « ce qui paraît être le plus grand manque de ménagements est toujours la seule véritable humanité » (4).

(1) *Op. cit.*, p. 20.
(2) Une note du *Kriegsbrauch im Landkriege* rappelle ici la lettre de Moltke à Bluntschli, que nous avons citée plus haut.
(3) *Op. cit.*, p. 3.
(4) Nicolaï Hein, *Der Infanterie-Leutnant im Felde*, p. 220, cité par Dampierre, *L'Allemagne et le Droit des gens*, p. 197.

Nous sommes loin des idées de la Convention de La Haye que l'Allemagne avait signées et s'était engagée à répandre dans ses troupes. Faut-il s'étonner de la conduite pendant la guerre actuelle du corps d'officiers allemand dont « le libre arbitre et la volonté n'avaient que des limites fort vagues ? »

§ 4. — L'Opinion allemande

Cette doctrine officielle était bien celle qui convenait à l'Allemagne, et elle y était répandue avant la guerre. Elle était la conséquence du droit de la force, du droit des Reîtres dont parlait Jean Bodin, le seul qui puisse exister en temps de guerre.

Lasson en avait prévenu l'Allemagne : « Lorsqu'une fois la guerre a éclaté, tout est en jeu, car toute guerre est question de vie ou de mort..... Il serait aussi faible de garder des ménagements, que misérable d'en attendre » (1).

En 1911, Tannenberg avait rappelé à l'Allemagne la parole de Bismarck que « la guerre ne doit laisser aux vaincus que les yeux pour pleurer (2) » ; et Frymann l'avait habituée à l'idée d'une guerre de brigandage : « Nous ne devrions pas songer à une guerre offensive pour une occupation de territoires étrangers en vue de leur évacuation, mais bien nous habituer à tenir

(1) Lasson, *Das Kulturideal und der Krieg*, p. 56, cité par Dampierre, *L'Allemagne et le Droit des gens*, p. 55.
(2) Tannenberg, *La plus grande Allemagne*, p. 304.

de telles mesures pour admissibles comme réponse à une attaque ennemie; une guerre de brigandage (Raubkrieg) répugne à nos conceptions, une punition pour une agression criminelle nous paraît justifiée même si elle prend cette forme la plus dure, car « nécessité brise le fer ». On peut d'ailleurs considérer, aussi, dans ce sens, comme équivalente à une guerre défensive, telle guerre qui serait conduite offensivement du côté allemand, mais qu'il nous faudrait entreprendre pour prévenir nos ennemis »(1).

L'Allemagne était bien préparée à la guerre par la terreur qu'elle nous a faite. L'opinion allemande a approuvé, quand elle a lu, dans *la Gazette de Cologne :* « Y a-t-il au monde un seul homme se figurant que la capitale belge nous aurait supportés, nous qui circulons aujourd'hui à Bruxelles comme dans notre pays, si cette capitale n'avait pas tremblé et ne tremblait pas encore aujourd'hui par crainte de notre vengeance ? La guerre n'est pas un jeu de société. C'est un foyer d'enfer. Celui qui y met le doigt se brûle la main et y perd la vie. C'est de ce sort qu'est victime le pauvre peuple belge aveuglé et égaré » (2).

L'opinion allemande a reconnu ses idées quand elle a lu, dans le *Berliner Tageblatt*, cette interview du maréchal von Hindenburg : « Le pays souffre.

(1) Frymann, *Wenn ich der Kaiser wäre*, p. 141, cité par Dampierre, *op. cit.*, p. 138.

(2) *Journal des Débats*, du 2 mars 1915. Extrait d'un article écrit par Walter Blöm, dans la *Kölnische Zeitung*, cité par Lavisse et Andler, *Pratique et doctrine allemandes de la guerre*, p. 19.

Lodz est affamé. Cela est déplorable, mais cela est bien ainsi. On ne peut pas faire la guerre avec de la sentimentalité. Plus la conduite de la guerre est impitoyable, plus elle est humaine en réalité, car elle amène plus vite le terme de la guerre. La guerre, qui, de toutes, est et demeure la plus humaine, est celle qui amène la paix dans le plus court délai possible » (1).

(1) Interview d'Hindenburg, prise par la *Neue freie Presse* de Vienne, et reproduite dans le *Berliner Tageblatt* du 20 novembre 1914, cité par Andler, *op. cit.*, p. 105.

CHAPITRE VII

Les Prisonniers

Le traitement de nos prisonniers de guerre en Allemagne a soulevé bien des réclamations. Le gouvernement français peut, avec raison, reprocher à l'Allemagne un très grand nombre d'actes inhumains et contraires aux conventions qu'elle avait signées à la Haye : mauvaises conditions d'hygiène, nourriture insuffisante, travaux ayant des rapports étroits avec les opérations de guerre, mauvais traitements, suppression des nouvelles. Il n'y a là rien qui ne soit conforme au caractère allemand, et seules des représailles ont pu améliorer le sort de nos prisonniers.

Pourtant, les ouvrages allemands d'avant la guerre ne donnaient au sujet des prisonniers de guerre que des idées admises partout, celles du chapitre II du *Règlement concernant les lois et coutumes de la guerre sur terre*, du 18 octobre 1907, que la France a loyalement appliquées depuis 1914.

Seul le *Kriegsbrauch im Landkriege* émet sur deux points des idées tout à fait particulières qui doivent d'autant plus être signalées que cet ouvrage a un caractère officiel. Le second de ces points surtout est significatif, et nous rappellerait, si nous pouvions jamais l'oublier, que les Allemands sont capables de commettre de sang-froid les plus cruelles atrocités.

§ 1. — Punitions collectives

Voici ce que dit à ce sujet le *Kriegsbrauch im Landkriege* :

« Dans les circonstances où la nécessité et la conduite des prisonniers y obligent, il peut être pris des mesures susceptibles de frapper des prisonniers innocents.

« C'est ainsi qu'en 1870 le général Vogel von Falkenstein, pour remédier aux progrès des évasions d'officiers français, décida que, pour chaque évasion, dix officiers désignés par le sort seraient soumis à une détention rigoureuse dans une forteresse prussienne, et qu'ils seraient privés de toutes les prérogatives de leur rang. Cette mesure fut souvent critiquée, mais elle était conforme, vu les circonstances, aux règles du Droit des gens (1). »

Tout commentaire est inutile : c'est le principe « la fin justifie les moyens », que nous retrouverons en particulier à propos des otages et des contributions considérées comme des punitions. Il n'a rien à voir avec le Droit des gens.

(1) *Op. cit.*, p. 33 et en note.

§ 2. — Droit de mettre les prisonniers à mort

C'est là le titre d'un paragraphe du *Kriegsbrauch im Landkriege*, et ce titre seul détonne dans un manuel du Droit des gens moderne.

Il y a longtemps que la vie des prisonniers est sacrée. On peut admettre, à la rigueur, en cas de nécessité, des mesures exceptionnelles vis-à-vis de prisonniers innocents, comme celles du général Vogel von Falkenstein ; mais l'idée de mettre à mort des prisonniers n'a pu venir que dans une cervelle d'Allemand,

Nous trouvons déjà cette idée exprimée en 1863 par Lieber dans ses *Instructions pour les armées en campagne des États-Unis :* « Il est licite à un commandant d'enjoindre à ses troupes, dans certains cas extrêmes, de ne pas faire de quartier, si son propre salut lui rend impossible de s'encombrer de prisonniers » (1). Lieber n'était pas un véritable Américain, mais un Allemand naturalisé, le Docteur Lieber, et cela explique quelques idées assez dures de ses *Instructions.*

Nous retrouvons cette idée chez un juriste autrichien, von Neumann, qui, vingt ans plus tard, écrivait : « La violence cesse d'être légitime contre un advesaire devenu impuissant à se défendre ; les mesures nécessaires de la sécurité demeurent alors seules permises.

(1) *Op. cit.*, art. 60.

Parfois cependant, la guerre offre de ces alternatives terribles où l'on ne peut ni faire merci à tout un corps d'armée, par exemple faute de subsistances ou de moyens de garde, ni lui permettre de se retirer librement sans compromettre sa propre sûreté. La déesse de la Justice se voile alors la face devant la tragique fatalité..... (Exemple des Arnautes, à Jaffa, le 20 février 1799)..... Puissent de tels exemples ne pas se reproduire. Nous ne voulons ici que poser la règle » (1). Neumann ne va évidemment pas jusqu'à recommander de pareils actes, mais il tient néanmoins à en poser le principe.

Enfin, le *Kriegsbrauch im Landkriege* développe bien cette idée : « Le meurtre des prisonniers est soumis aux principes ci-après :

« Ils peuvent être mis à mort :

« 1° Pour des crimes ou des actions punies de mort en vertu des lois civiles et militaires ;

« 2° En cas de résistance ou de tentative d'évasion (on aura alors le droit de faire des armes un usage qui pourra être meurtrier) ;

« 3° Par mesures de représailles, dans le cas de nécessité urgente et inéluctable, et à titre de représailles contre des faits semblables ou d'autres infractions émanant du commandement ennemi ;

4° En cas de nécessité inéluctable, lorsqu'il n'y a pas d'autre moyen de les garder et que la présence

(1) De Neumann, *Eléments du Droit des gens moderne européen*, traduction de Riedmatten, p. 178.

des prisonniers constitue un danger pour la propre existence du capteur.

« En ce qui touche la légitimité des représailles, il faut noter que de nombreux professeurs du Droit des gens la contestent pour des motifs d'humanité. Admettre ceci en principe et l'étendre à tous les cas, serait pourtant faire preuve « d'une méconnaissance du sens, de la gravité et du droit de la guerre, méconnaissance qui découlerait d'une sensibilité humaine, sans doute concevable, mais exagérée et injustifiée. Il ne faut pas perdre de vue qu'on doit ici se préoccuper en première ligne des nécessités de la guerre et de la sécurité de l'État, et non de la considération qu'à tous prix les prisonniers ne doivent pas être molestés. » (Lüder, *Landkriegsrechl*, page 73.)

« On admet aujourd'hui unanimement que ce n'est que la plus extrême nécessité, le devoir de conservation personnelle, et la sécurité de l'État qui peuvent justifier le meurtre des prisonniers. Mais ces motifs n'ont pas toujours été les seuls, comme le démontrent la fusillade de deux mille Arnautes par ordre de Bonaparte, en 1799, aux environs de Jaffa, le meurtre des prisonniers des guerres vendéennes et carlistes, ainsi que les exécutions qui eurent lieu à Mexico et pendant la guerre de Sécession. Le plus souvent, dans ces différents cas, le capteur n'a cherché qu'à s'affranchir d'une garde importune et de frais onéreux d'entretien; alors que des peuples d'une moralité plus élevée, tels que de nos jours les Boërs, préfèrent, dans une situation analogue, rendre la liberté à leurs prisonniers. Au surplus, les moyens de transport perfectionnés et les faibles difficultés de la nourriture rendront désormais très rares les cas où il deviendra nécessaire de fusiller les prisonniers dans les guerres européennes (1). »

Et l'on ne peut s'empêcher de songer au régime de famine qui règne sur les Empires Centraux, aux difficultés de la nourriture qui augmentent sans cesse. La nation, qui a de pareilles théories officielles, ne va-t-elle pas finir par se considérer comme étant « dans l'un de ces cas très rares, où il deviendra nécessaire de fusiller les prisonniers »?

Aucune cruauté ne nous étonnerait d'elle; un de ses généraux n'a-t-il pas osé faire paraître cet ordre du jour atroce : « A dater de ce jour, il ne sera plus fait de prisonnier ?. Tous les prisonniers seront mis à mort.

« Les blessés, avec ou sans armes, seront mis à mort.

« Les prisonniers, même en grandes unités constituées, seront mis à mort. Il ne doit pas rester derrière nous âme qui vive. » (Ordre du jour du général Stenger, commandant la 58e brigade allemande, le 26 août 1914) (2).

(1) *Op. cit.*, p. 36-37-38.

(2) *Violation des lois de la guerre par l'Allemagne*, t. I. p. 43. Cf. l'art. 23 § d du Règlement de La Haye : « Il est notamment interdit de déclarer qu'il ne sera pas fait de quartier ».

CHAPITRE VIII

Les Habitants d'un pays occupé

Les articles 44 à 46 du Règlement du 18 octobre 1907, concernant les lois et coutumes de la guerre sur terre, énoncent des principes unanimement reconnus, qui sauvegardent la liberté, l'honneur et la vie des habitants d'un pays occupé par les armées ennemies : ces habitants sont en dehors de la guerre, relation d'Etat à Etat, et l'occupant doit éviter de les y mêler.

Les juristes allemands n'ont jamais émis d'opinion contraire. Bluntschli dit bien : « L'Etat ne peut sacrifier son existence au maintien du droit privé. Ce dernier doit au contraire être violé, lorsque la nécessité et le salut public l'exigent » (1). Mais ce n'est là qu'une généralité ; la suite de son ouvrage le prouve. Tous les principes qu'il pose à ce sujet sont rigoureusement conformes au Droit des gens.

Il n'en est pas de même des théories de l'Etat-Major allemand. Le *Kriegsbrauch im Landkriege*, postérieur au Règlement de 1899, dont celui de 1907 est la reproduction, nous prévient que, sur certains

(1) Bluntschli, *Droit international codifié*, Introduction, p. 41.

points, « la doctrine s'écarte profondément des usages de la guerre » ; et il recommande, bien entendu, aux officiers allemands de suivre les usages de la guerre et non la doctrine des juristes. Nous allons voir comment il a compris le Règlement de La Haye, que le gouvernement allemand avait pourtant signé. Voici son principe : « La bienveillance et l'humanité du commandement sauront faire un juste départ entre ce qu'exige la guerre et les besoins d'une population, et mettre ces éléments en harmonie » (1).

§ 1. — Réquisitions de travaux

L'article 52 du Règlement de La Haye dit : « Les réquisitions en nature et les services qui pourront être réclamés des communes ou des habitants..... seront..... de telle nature qu'ils n'impliquent pas pour les populations l'obligation de prendre part aux opérations de guerre contre leur patrie ». Les termes de cet article sont très nets et très justes. Comparons-leur la doctrine militaire allemande :

« On a également considéré, comme une contrainte injuste à participer à des opérations militaires, l'embrigadement des habitants pour la prestation de charrois et de travaux. Mais il est évident que jamais un officier ne pourra admettre une extension aussi vaste de principe, sinon, il laisserait par lui-même

(1) *Op. cit.*, p. 109.

tomber la faculté d'imposer n'importe quel travail, car tout travail effectué pendant la guerre, toute prestation de charrois se réfère plus ou moins à la conduite des opérations, ou a, avec celle-ci, des liens quelconques.

« C'est donc ici *la raison de guerre* qui décide. D'ailleurs, en 1870-71, le commandement allemand n'eut que rarement besoin de recourir à la force pour obtenir d'ouvriers civils l'exécution des travaux nécessaires. Il payait de gros salaires et obtenait presque toujours ainsi l'offre d'une main-d'œuvre suffisante. C'est là un procédé à recommander pour l'avenir. Il est préférable de se faire présenter les ouvriers nécessaires par les autorités locales. Le refus des travailleurs peut d'ailleurs donner lieu à des peines.

« C'est pourquoi était conforme au véritable droit de la guerre la disposition si sévèrement condamnée par les professeurs du Droit des gens, français ou francophiles, et prise par le commissaire civil allemand comte Renard, qui, pour obtenir les travaux nécessaires à la reconstruction d'un pont, après des menaces de châtiments assez bénins, finit par menacer de faire fusiller quelques ouvriers en cas de refus (1). Elle atteignit son but, ce qui était le principal, sans qu'il fût nécessaire de la mettre à exécution (2). »

(1) Il s'agit du pont de Fontenoy-sur-Moselle, que les francs-tireurs français avaient fait sauter. Cf. *infra*, p. 133.

(2) *Kriegsbrauch im Landkriege*, p. 111-112.

Donc, le Règlement, aux yeux de l'Etat-Major allemand, oublie que c'est « ici la raison de guerre qui décide » ; et que toute mesure est licite, du moment qu'elle atteint son but, ce qui est le principal.

§ 2. — Les Guides

L'emploi de guides en pays ennemi est une pratique ancienne, fréquemment usitée, comme le prouvent les mémoires de Marbot. Elle était autrefois considérée comme licite, et le Germano-Américain Lieber a pu écrire en 1863 : « Toute armée en campagne a besoin de guides, elle les prend d'autorité si elle ne peut s'en procurer autrement » (1). Mais cette pratique est aujourd'hui contraire au Droit des gens, et elle est implicitemeut défendue par l'article 44 du Règlement de La Haye, qui interdit de forcer la population à prendre directement part aux opérations militaires contre son propre pays. Voici ce qu'en dit cependant le *Kriegsbrauch im landkriege* :

« Le principe, qu'aucun habitant d'une région occupée ne peut être contraint de prendre une part directe à la lutte menée contre son propre pays subit cependant, d'après les lois généralement adoptées de la guerre, une exception qui doit être mentionnée ici : à savoir l'emploi d'habitants du pays, comme

(1) Lieber, *Instructions pour les armées en campagne des Etats-Unis d'Amérique*, art. 93.

guides, dans des régions inconnues. Quelque horreur qu'éprouve le sentiment de l'humanité pour le fait de contraindre un homme à nuire à sa propre patrie et à combattre indirectement contre les troupes de celle-ci, aucune armée opérant en pays ennemi ne pourra renoncer complètement à cette pratique.

« Le fait de contraindre les habitants à fournir des renseignements sur leur propre armée, sur la conduite de la guerre, les ressources et les secrets des leurs, apparaît comme une mesure plus rigoureuse encore. La plupart des écrivains de toutes les nations réprouvent cette pratique. On ne pourra toujours néanmoins s'en passer : on ne l'emploiera sans doute qu'avec regret, mais la raison de la guerre y contraindra souvent (1). »

La raison de guerre contraindra aussi, quoique avec regret, à sévir contre le guide qui, pour ne pas trahir sa patrie, aura trompé l'ennemi :

« Il convient d'insister ici sur une forme particulière de la trahison de guerre, au sujet de laquelle la doctrine s'écarte profondément des usages de la guerre : c'est la trahison par guides, que commettent des habitants en conduisant avec préméditation des troupes ennemies à travers des routes fausses ou désavantageuses. Lorsque le guide s'est offert de lui-même, le fait de la trahison est indubitable ; mais même s'il a été contraint de servir de guide, son crime devra être qualifié de même, car il devait

(1) *Op. cit.*, p. 110-111.

obéissance à l'occupant, et ne devait, en aucun cas, se rendre coupable d'un acte d'insurrection ouverte et causant un préjudice positif. Il eût dû, à l'extrême, se contenter de la désobéissance passive, quitte à en subir les suites. (Lüder, *Landkriegsrecht*, p. 103).

« Quelque compréhensible que soit la tendance à envisager et à juger de pareils crimes à un point de vue moins sévère, le commandant de la troupe qui a subi le dommage ne pourra cependant pas faire autrement que de punir le criminel de mort, car le retour de forfaits de ce genre ne peut être empêché que par des mesures rigoureuses de défense et d'intimidation (1). »

Encore une fois, aux yeux de l'Etat-Major allemand, le Règlement de la Haye, quoique signé par le gouvernement allemand, a tort et demande l'impossible.

§ 3. — **Les Otages**

Le Règlement de la Haye est muet sur cette vieille pratique de la guerre, et c'est d'autant plus regrettable qu'elle avait été reprise par les Allemands en 1870-71 avec un raffinement atroce dans la cruauté et l'injustice. En particulier, pour arrêter les tentatives de déraillement, de Moltke avait donné l'ordre de faire accompagner les trains par des notables des régions occupées :

(1) *Op. cit.*, p. 118.

« Dans le premier train de chaque jour et dans les trains mis en route dans l'obscurité, on fera toujours voyager au moins une personne notable choisie parmi les habitants. Cette personne sera placée autant que possible sur la locomotive.....

« On agira avec la plus extrême sévérité contre les localités dans le voisinage desquelles des destructions se seront produites, et l'on donnera toute la publicité possible aux mesures qui auront été prises (1). »

Les juristes allemands eux-mêmes se sont élevés contre cette pratique. Voici ce qu'en pense Bluntschli : « Une nouvelle application peu recommandable du système des otages a été faite pendant la guerre de 1870-71 entre la France et l'Allemagne. Pour assurer les transports par chemin de fer, les troupes allemandes obligèrent fréquemment les notables des provinces françaises occupées à monter avec elles dans les trains. Ce mode de procéder est d'autant plus critiquable qu'il compromet la vie de citoyens paisibles sans qu'il y ait eu faute de leur part, et de plus, sans procurer un sérieux accroissement de sûreté. Les fanatiques, qui enlevaient les rails ou cherchaient à empêcher la circulation sur les voies ferrées, tenaient peu de compte de la vie des notables qui étaient parfois pour eux un objet de haine. Cette conduite n'est excusable qu'à titre de représailles et en cas de nécessité absolue » (2).

(1) De Moltke, *Correspondance*, t. II, n° 321. Lettre adressée au Gouverneur général de Reims, le 12 octobre 1870.

(2) Bluntschli, *Droit international codifié*, art. 600, note 2.

Geffken dit aussi : « On ne peut pas approuver le procédé de l'Allemagne, qui, en 1870, prenait de force les notables des communes envahies, pour les rendre garants de la sécurité des voies ferrées contre les attaques des francs-tireurs » (1).

L'Etat-Major allemand ne s'est pas laissé convaincre par les juristes de son pays, qui, par extraordinaire, ne lui avaient pas donné raison ; et le *Kriegsbrauch im Landkriege* dit :

« Les Allemands ont d'ailleurs fait en 1870-71 une application nouvelle du droit d'otages, en contraignant, pour la sécurité des voies ferrées, menacées par les populations, des notables des villes et des villages français à monter sur les locomotives. Cette mesure, mettant en sérieux danger la vie d'habitants pacifiques, sans qu'il y eût eu faute de leur part, toute la doctrine non allemande, l'a dénoncée, comme une infraction au Droit des gens et une vexation injustifiée des habitants du pays ennemi.

« Il faut répondre à ces appréciations défavorables que ce moyen, reconnu par les Allemands eux-mêmes comme rigoureux et cruel, n'a été employé qu'après que les proclamations et les essais de faire entendre raison aux populations furent demeurées sans effet, et que, dans les circonstances données, c'était le seul dont on pût attendre quelque impression sur la conduite indubitablement injuste et même criminelle d'une population fanatisée.

(1) HEFFTER, *Le Droit international de l'Europe*, édition de Geffken, § 129, note 3.

« *Il se justifie d'ailleurs,* non seulement pour ces raisons, mais aussi *par le fait qu'il a obtenu un plein succès,* et que partout où l'on a fait monter des notables sur les locomotives, soit grâce à la vigilance plus grande des communes, soit parce que la population s'en est trouvée directement influencée, la sécurité des trains a été rétablie (1). »

Encore une fois, le plein succès justifie une méthode rigoureuse et cruelle. Il ne faut donc pas s'étonner de voir les Allemands la reprendre en 1914, et afficher dans Reims, pendant leur courte occupation, cette proclamation du 12 septembre 1914 que le maire, le docteur Langlet, avait dû signer :

« .....Afin d'assurer suffisamment la sécurité des troupes et afin de répondre du calme de la population de Reims, les personnes nommées ci-après ont été prises en otages par le commandement général de l'armée allemande. Ces otages seront pendus à la moindre tentative de désordre. De même, la ville sera entièrement ou partiellement brûlée et les habitants pendus, si une infraction quelconque est commise aux prescriptions précédentes » (2).

Ils avaient également affiché, un mois plus tard, dans la Belgique occupée, cette proclamation signée de von der Goltz : « .....Dans la soirée du 25 septembre, la ligne de chemin de fer et le télégraphe ont été détruits sur la ligne Lovenjoul-Vertryck. A la

(1) *Op. cit.*, p. 113-114.
(2) *Violation des lois de la guerre par l'Allemagne*, t. I, p. 72.

suite de cela, les deux localités citées ont eu, le 30 septembre au matin, à en rendre compte et ont dû livrer des otages..... » (1).

Et les officiers allemands se conformaient à cette conception du droit d'otages quand ils faisaient avancer leurs troupes derrière des rideaux de femmes, d'enfants et de prisonniers.

(1) Andler, *op. cit.*, p. 111.

CHAPITRE IX

Destructions et atteintes à la propriété privée

Le principe fondamental du droit de la guerre continentale moderne est le respect de la propriété privée, à laquelle on ne peut porter atteinte que si les opérations militaires l'exigent impérieusement. La guerre, étant une relation d'Etat à Etat, les particuliers ne doivent en souffrir dans leurs biens que dans le cas d'une absolue nécessité : le but de la guerre est l'écrasement des forces militaires ennemies, et non l'anéantissement du pays. C'est là la doctrine consacrée par le Règlement de La Haye.

C'est aussi la doctrine que l'Empire Allemand a signée, mais ce n'est pas la doctrine admise par les Allemands. Pour eux, ce principe général est trop absolu : « Il pourrait être funeste de distinguer entre le domaine public et la propriété privée. Le moment décidera de ce qu'il faudra faire ; et la hâte de l'exécution fera qu'on omettra souvent de juger et d'évaluer d'après des règles et des lois » (1).

(1) HARTMANN, *op. cit.*, p. 62, cité par ANDLER, *op. cit.*, p. 35.

Nous allons voir, dans quelques cas particuliers, quelles sont les idées allemandes sur la propriété privée.

§ 1. — Le Butin

Le droit de butin a complètement disparu aujourd'hui du Droit des gens. Les Allemands l'admettent cependant encore quand il porte sur les objets personnels que les vaincus, prisonniers ou morts, avaient sur eux.

Bluntschli dit à ce sujet : « Si cependant l'ennemi tué sur le champ de bataille portait sur lui des valeurs ou des objets précieux, on devra, en raison de l'impossibilité absolue de découvrir l'héritier du défunt, laisser ces objets au vainqueur, plutôt que de le forcer à les enterrer ou à les laisser perdre » (1).

L'Autrichien von Neumann est de son avis : « Les armes d'un combattant individuel appartiennent à celui qui l'a pris ou maîtrisé. Il en est autrement des montres, bijoux, etc., entre guerriers civilisés, et sauf le cas où ils auraient été trouvés sur des morts inconnus, dont le pillage par des maraudeurs, ces hyènes du champ de bataille, seraient d'ailleurs inévitable » (2). Il est presque inutile de remarquer que le pillard, détenteur d'objets précieux, les aura toujours trouvés sur un mort.

(1) Bluntschli, *Droit international codifié*, art. 659.

(2) De Neumann, *Eléments du Droit des gens moderne européen*, traduction de Riedmatten, p. 192.

Holtzendorff va plus loin encore et étend le droit de butin aux objets de prix que tout combattant aura sur lui : « Le droit de butin s'étend même sur certains biens qui appartiennent à des particuliers ; c'est ainsi que, non seulement les armes, mais encore tous les objets de prix que les combattants portent sur eux peuvent être enlevés par l'adversaire, car on suppose qu'ils les abandonnent au vainqueur » (1).

Le Règlement de La Haye est formel sur ce point : « Tout ce qui appartient personnellement aux prisonniers, excepté les armes, les chevaux et les papiers militaires, reste leur propriété (art. 4). » « Le bureau de renseignements sur les prisonniers de guerre est également chargé de recueillir et de centraliser tous les objets d'un usage personnel, valeurs, lettres, etc., qui seront trouvés sur les champs de bataille ou délaissés par des prisonniers... décédés... (art. 14). »

Cela n'empêche pas le *Kriegsbrauch im Landkriege* de dire : « L'appropriation de la propriété privée est considérée en partie comme licite en ce qui touche les objets que le combattant vaincu porte avec lui » (2).

(1) HOLTZENDORFF, *Eléments de Droit international public*, traduction française, p. 176.
(2) *Op. cit.*, p. 131.

§ 2. — Le Pillage

Le droit de pillage, lui aussi, a complètement disparu du Droit des gens. Nous en trouvons encore des traces chez quelques juristes allemands assez anciens.

Ainsi, en 1861, Klüber disait que « souvent lorsqu'une ville est prise d'assaut, on permet au soldat de piller, mais jamais de mettre le feu à la ville, ni de maltraiter ou tuer les habitants qui n'ont pas pris part à la défense » (1). A son époque, cela pouvait encore se soutenir. Mais il est plus extraordinaire de voir des juristes plus récents admettre aussi le droit de pillage dans certains cas.

Ainsi, en 1883, Geffken écrivait : « Le pillage de particuliers, autorisé dans certains cas exceptionnels (forteresse ou place d'armes, à la suite d'une défense opiniâtre), a pour but d'offrir aux troupes une espèce de récompense de leurs efforts extraordinaires » (2).

En 1886, l'Autrichien von Neumann disait aussi : « Le butin est interdit dans la guerre continentale... Font exception, dans la guerre continentale, les biens mobiliers de l'Etat ennemi, armes et matériel des combattants, et la faculté de piller une place prise d'assaut » (3).

(1) Klüber, *Droit des gens moderne de l'Europe*, édition de Ott, p. 339.

(2) Heffter, *Le Droit international de l'Europe*, édition de Geffken, p. 309.

(3) De Neumann, *Eléments du Droit des gens moderne européen*, traduction de Riedmatten, p. 191.

Quant à Bluntschli, sans admettre le droit de pillage, il excuse le pillage lui-même : « On ne saurait empêcher les soldats, pendant une marche fatigante ou après une bataille, de s'emparer de tout ce qui leur tombe sous la main, sans laisser au marchand le temps d'établir froidement ses comptes. Pour être logique, on devrait punir cette violation de la propriété ; mais les lois de la guerre ne peuvent incriminer ce qui est inévitable » (1).

On comprend que le Règlement de La Haye ait dû insister sur ce point et dire successivement : « Il est interdit de livrer au pillage une ville ou localité, même prise d'assaut (art. 28) » ; « la propriété privée ne peut pas être confisquée (art. 46) » ; et « le pillage est formellement interdit (art. 47) ».

Le *Kriegsbrauch im Laudkriege* a aussi interdit le pillage, mais en s'appuyant sur d'autres considérations que les membres des conférences de La Haye : « Le Droit des gens contemporain, condamne le pillage en quelques circonstances qu'il ait lieu. Si, en certains cas, il peut être difficile dans la chaleur du combat, d'empêcher les excès de troupes excitées au plus haut point, il faut cependant réprimer de la façon la plus sévère la prise illicite de butin, le pillage, les exactions, et toutes autres violations de la propriété, que ces infractions aient été commises par des unités militaires constituées, ou par des individus qui se sont écartés de leur troupe (maraudeurs), ou par les

(1) Bluntschli, *Droit international codifié*, p. 656, note 1.

« hyènes du champ de bataille ». La tolérance de pareils faits ne conduit, l'expérience l'a démontré, qu'à l'indiscipline et à la démoralisation d'une armée » (1).

Si donc un général allemand a une confiance suffisante dans la discipline de ses troupes, il pourra autoriser le pillage ; et c'est bien ce qui s'est passé depuis 1914 avec les pillages disciplinés et organisés.

§ 3. — Les Destructions

Le Règlement de La Haye, dans son article 23, § *g* pose le principe universellement admis : « Il est notamment interdit de détruire..... des propriétés ennemies, sauf les cas où ces destructions..... seraient *impérieusement* commandées par les nécessités de la guerre ».

C'est ce qu'avait déjà écrit le juriste allemand Klüber : « Il peut être indispensable quelquefois de détruire jusqu'aux villes, villages et autres habitations, de ravager les jardins, vignes, champs, prés et forêts, enfin tout ce qui peut fournir des ressources à l'ennemi lors d'une retraite dangereuse ou lorsqu'il est essentiel de le chasser » (2).

D'après ce principe, la dévastation du Palatinat en 1689, malgré tout ce qu'en ont dit les Allemands,

(1) *Op. cit.*, p. 133-134.
(2) Klüber, *Droit des gens moderne de l'Europe*, édition de Ott, p. 337.

était licite, puisque nous abandonnions cette province à l'ennemi (1). De même, les ravages inouïs faits par les Allemands dans les régions abandonnées par eux, dans leur retraite de mars 1917, peuvent à la rigueur être considérés comme conformes aux lois de la guerre, car ils ont fortement entravé et gêné l'avance de nos troupes.

Ce principe explique les deux paragraphes suivants de la loi si rigoureuse du Landsturm de 1813 :

« § 65. — Les gouverneurs de nos provinces pourront trouver nécessaire de faire évacuer certaines régions par leurs habitants et de réduire ces régions à un état qui y rende impossible le séjour de l'enne-

(1) On peut lire en particulier dans un almanach pour les soldats allemands, de Noël 1916 : « Le regard s'étend jusqu'aux ruines du château d'Heidelberg, dont la grande muraille Renaissance aux fenêtres vides dit ce que l'on peut attendre de la France. Celui qui, par une gaie journée de printemps, se tient sur les ruines imposantes du château d'Heidelberg et voit à ses pieds les vallées semblables à une mer de verdure, ou qui, par une journée dorée d'automne, respire le parfum des vergers de la vallée du Neckar, des raisins qui mûrissent aux flancs des coteaux et des fruits d'or du riche Palatinat, celui-là peut tendre son poing avec colère et envoyer sa malédiction au delà des Vosges. De tout ce riche pays, Louis XIV de France, qui se faisait appeler le Roi Soleil, avait fait un désert désolé ; et Mélac est l'incendiaire qui a exécuté ses ordres. Pendant dix ans, une horrible dévastation et une cruauté inhumaine sévirent sur cette malheureuse région. Villages et villes, Heidelberg, Mannheim, Worms, Spire, furent incendiés et détruits de fond en comble ; les tombeaux des anciens empereurs allemands dans la cathédrale de Spire, profanés ; les habitants sans défense, massacrés et chassés en plein hiver. » (*Die Heimat grüssl, Weinachts-Almanach für die Kruppschen Werksangehörigen im Felde*, p. 16-17. »

Que pourrions-nous dire, nous qui avons vu le donjon de Coucy, les ruines de Chauny, le cimetière de Carlepont, l'exode des réfugiés, et qui avons pu faire des étapes entières en pays libéré sans voir une maison ou un arbre debout ?

mi en le privant de tous moyens de subsistance ».

« § 70. — Il faudra enlever d'abord ou détruire tous les approvisionnements de farine. Les liquides tels que bière, vin, eau-de-vie, devront être jetés, on brûlera les moulins, on comblera les puits. »

Bluntschli dit que les destructions ne doivent pas, autant que possible, entraver la reprise de la vie normale dans les régions dévastées : « Il est parfois indispensable qu'une armée rende les communications difficiles, pour faciliter la retraite des troupes et empêcher l'ennemi de poursuivre les vaincus ou de commencer l'attaque.

« Mais cela ne saurait avoir lieu sans nécessité ; le bien des peuples exige qu'après le rétablissement de la paix, le commerce puisse reprendre son cours ; les belligérants ne doivent pas chercher à se faire plus de mal que ne le comportent les besoins et le but de la guerre (1). »

Nous savons par expérience que ses compatriotes ne l'ont pas écouté, car, dans les pays envahis qu'ils n'ont pas encore évacués, tout a déjà disparu, et le commerce ne pourra reprendre son cours que longtemps après leur libération.

Voici le principe que pose à ce sujet le *Kriegsbrauch im Landkriege :*

« On peut donc formuler cette double règle :

« *Il ne doit être causé aucun dommage, même le plus faible, qui ne soit nécessité par des raisons d'ordre*

(1) Bluntschli, *Droit international codifié*, art. 651, note 1.

militaire. Tout dommage, même le plus grand, est licite que la guerre exige ou que sa poursuite logique entraîne avec elle.

« On aura à décider dans chaque cas si l'on se trouve dans un état de nécessité justifiée. La réponse à cette question appartient au commandement, de la conscience duquel on doit aujourd'hui attendre et exiger toute l'humanité compatible avec l'objet de la guerre (1). »

La règle, quoique d'aspect normal, est un peu vague, et nous savons quelle est l'humanité que l'on peut aujourd'hui attendre de la conscience du commandement allemand. Déjà en 1870-71, il y avait eu bien des destructions dans lesquelles les nécessités de la guerre n'avaient rien à voir ; et le *Kriegsbrauch* les trouve parfaitement explicables, sinon justfiées.

« Les destructions et dévastations arbitraires d'édifices et d'autres choses n'ont pas été commises par les Allemands, lorsqu'elles n'ont pas été provoquées par la conduite des habitants. Elles ne se produisirent presque que là où les propriétaires avaient follement abandonné leurs habitations, et où les soldats se sont trouvés exaspérés par des portes closes et le manque de vivres : « Lorsque le soldat trouve les portes de son cantonnement closes, et les vivres intentionnellement dégradés et enterrés, la nécessité le contraint à faire sauter les portes et à rechercher les provisions ; et, dans sa juste colère, il lui arrive

(1) *Op. cit.*, p. 122.

de fracasser une glace et de chauffer le poêle avec les meubles mis en pièces. » (Bluntschli, *Droit international codifié*, art. 652, note 2.)

« Des dégâts sans importance se trouvent ainsi expliqués d'eux-mêmes pour tout homme raisonnable et réfléchi. Mais une enquête approfondie et impartiale a démontré que, dans la plus large mesure, les destructions et dévastations reprochées à l'armée allemande n'ont jamais dépassé les nécessités prescrites par l'état de guerre.

« Ce fut notamment le cas de l'incendie de douze maisons de Bazeilles, incendie qui a fait couler tant d'encre et que les Français ont monstrueusement exagéré, et celui de la fusillade pleinement justifiée et conforme aux lois de la guerre de quelques habitants. On peut certes soutenir que la conduite de la population aurait exigé la destruction complète du village et la condamnation selon la loi martiale de tous les habitants adultes (1). »

Est-ce assez clair, et peut-on, après cela, s'attendre à ce que le commandement allemand se reconnaisse le moindre tort, quoi qu'aient fait ses troupes ?

(1) *Op. cit.*, p. 124-125-126.

§ 4. — Les Contributions à titre de pénalité

Elles ont été employées très fréquemment par les Allemands au cours de la précédente guerre, et d'une façon tout à fait exagérée. Ainsi, voici l'ordre qu'avait signé de Moltke, le 23 janvier 1871, au sujet de la destruction du pont de Fontenoy-sur-Moselle par les francs-tireurs français : « La destruction du pont de Toul n'a pu se produire sans qu'une partie de la population n'ait su d'avance qu'elle devait s'exécuter. Sa Majesté impose, en conséquence, au territoire du gouvernement général une contribution de 10 millions de francs. Le recouvrement s'en effectuera avec la plus grande rigueur, et s'il y a lieu, on emmènera comme otages des habitants notables. On publiera le motif de cette amende » (1).

Bluntschli lui-même a trouvé excessifs les procédés allemands en 1870-71 : « Les communes et les particuliers qui facilitent l'exécution des crimes de guerre prévus dans les articles précédents ou ne les empêchent pas, peuvent, selon la gravité du danger, être punis et rendus pécuniairement responsables de tous les dommages.

« Pendant la guerre franco-allemande cette règle

(1) De Moltke, *Correspondance*, t. II, p. 687. Lettre adressée au Gouverneur de Lorraine à Nancy. Cf. *supra*, p. 115.

a été appliquée sur une grande échelle. Les premières proclamations allemandes (16 et 19 août 1871) allaient trop loin dans les menaces adressées aux communes. Des amendes exagérées étaient imposées à la fois à la commune d'origine du coupable et à la commune sur le territoire de laquelle le crime avait été commis (1). »

Le Règlement de La Haye est formel sur ce point : « aucune peine collective, pécuniaire ou autre, ne pourra être édictée contre les populations à raison de faits individuels dont elles ne pourraient être considérées comme solidairement responsables (art. 50) ».

Cela n'empêche pas le *Kriegsbrauch* de regarder ces contributions comme justifiées, parce qu'elles produisent de l'effet sur la population civile et parce que, encore une fois, la fin justifie les moyens :

« Les seules contributions autorisées sont donc celles qui sont levées..... 3° à titre de pénalité.

« Ce genre de contributions a été employé très fréquemment dans la guerre franco-allemande, comme moyen de répression contre des isolés ou des communes entières. Lorsque des écrivains français accusent à ce sujet le commandement allemand de rigueurs exagérées, il convient de faire observer que le caractère acharné qu'avait pris la guerre pendant sa dernière période rendait nécessaires les mesures les plus énergiques. L'expérience a démontré qu'une

(1) BLUNTSCHLI, *Droit international codifié*, art. 643 *bis*.

contribution en argent est ce qui produit le plus d'effet sur la population civile (1). »

§ 5. — Les Réquisitions en pays ennemi

Il était admis partout, déjà avant 1870, que les réquisitions, destinées à satisfaire en cas de nécessité les besoins de l'armée ennemie, devaient cependant tenir compte des ressources du pays et ne pas dépouiller complètement les habitants au profit des troupes d'occupation.

Ce n'est pas l'opinion allemande, quand la guerre ne se passe pas en Allemagne. De Moltke a écrit que « le soldat qui endure des souffrances, des privations, des fatigues et des périls ne peut se contenter de prendre en proportion avec les ressources du pays ; il lui faut prendre tout ce qui est nécessaire à son existence. On ne peut avoir envers lui des exigences surhumaines » (2).

Le général von Hartmann va encore beaucoup plus loin. Pour lui, les réquisitions sont destinées, non seulement a nourrir l'armée d'occupation, mais aussi et surtout à appauvrir totalement l'ennemi :

« Le système des réquisitions dépasse infiniment en portée la faculté de recueillir des moyens de subsistance dans le pays où a été portée la guerre. Il im-

(1) *Op. cit.*, p. 140-141.
(2) De Moltke, *Lettre à Bluntschli*, du 11 décembre 1880.

plique l'exploitation totale de ce pays, de toutes les manières, selon les besoins de l'armée d'opération, soit qu'il s'agisse de faciliter et d'aider son avance, soit qu'il s'agisse de faire durer son action et de garantir sa sécurité locale..... La revendication élevée ainsi, c'est que la nécessité militaire n'a pas à établir de distinction entre la propriété publique et la propriété particulière ; qu'elle est en droit de prendre ce qu'il lui faut, en quelque endroit et de quelque façon qu'elle puisse se l'approprier.

« Il ne s'agit pas d'épargner à l'Etat ennemi la détresse et la misère de la guerre. Cette misère et cette détresse doivent servir à briser son énergie et sa volonté. Le fardeau restera et devra rester écrasant, jusqu'à ce que le principe « *ultra posse nemo obligatur* » en délivre la population. Mais la nécessité d'imposer ce fardeau résulte de la notion de la guerre nationale. L'Etat belligérant doit ménager ses moyens militaires ; il doit endommager et anéantir ceux de l'ennemi (1). »

Le Règlement de la Haye dit que « les réquisitions en nature..... seront en rapport avec les ressources du pays (art. 52) ». Mais cette prescription n'est pas du goût de l'État-Major allemand, et le *Kriegsbrauch* annonce que c'est à peine si l'on s'y conformera le plus souvent :

« Pour éviter les exactions qui peuvent aisément

(1) HARTMANN, *op. cit.*, p. 458-459, cité par ANDLER, *op. cit.*, p. 66.

se produire au cours de réquisitions, il est ordinairement prescrit de les soustraire aux ordres des organes inférieurs, de réserver aux officiers d'un grade élevé le droit de les prescrire, et de ne les exercer qu'en présence des autorités civiles du pays. On ne devrait cependant pas contester que ces dispositions ne peuvent pas toujours être observées à la guerre, et le commandant d'un petit détachement ou même un homme isolé peut se trouver dans une situation qui le contraigne à réquisitionner l'indispensable.

« L'article 40 de la Déclaration de Bruxelles réclame que les réquisitions imposées restent exactement proportionnées aux facultés et ressources d'un pays, et, à la vérité, la justesse de ce point de vne sera volontiers accordée en théorie par tout le monde. Mais, en pratique, c'est à peine si l'on s'y conformera le plus souvent. Dans les cas urgents, tout dépend des besoins de l'armée, et, à tout prendre, on fera bien de se familiariser avec cette idée, que, dans les moments si prompts à se modifier et si impétueusement fugitifs de la guerre, il est impossible de s'en tenir, avec la meilleure volonté, aux procédés réguliers du temps de paix (1). »

Il ne faut donc pas s'étonner des vols commis par les Allemands pendant la guerre actuelle. Ils étaient fidèles à leur conception des réquisitions ; et ils vont même jusqu'à se vanter avec cynisme de ce qu'ils nous ont pris.

(1) *Op. cit.*, p. 137-138.

C'est ce que montre cet extrait d'un journal de Munich du 26 février 1915.

« Tout le travail s'accomplit suivant ce principe : Il faut pour les besoins de l'armée tirer le moins possible de l'Allemagne, trouver le plus possible dans le pays ennemi conquis ; et tout ce qui n'est pas indispensable à l'armée et présente une valeur pour la patrie doit être transporté en Allemagne,

« En trois mois le pays conquis a pu couvrir les 4/5 des besoins de l'armée. Maintenant encore où les sources utilisables du pays occupé par nous coulent déjà moins abondamment, le territoire occupé couvre toujours les 2/3 des besoins des armées allemandes de l'ouest. Par là, on peut estimer en moyenne que l'Empire allemand a depuis quatre mois économisé par jour trois millions et demi à quatre millions de marks.

« Ce gain de la victoire allemande se majore encore d'une manière fort sensible du fruit de la guerre économique conduite contre le pays conquis *d'après les principes du Droit des gens,* c'est à dire par l'utilisation des biens de l'État, transportés en masses énormes de Belgique et du nord de la France en Allemagne, tels que butin de guerre, approvisionnements des forteresses, céréales, laines, métaux, bois durs, et autres choses, sans compter tous les biens privés non réquisitionnables, lesquels, en bien des cas de nécessité, ont été enlevés pour augmenter les approvisionnements allemands, mais ont été payés alors, à leur pleine valeur.

« Ce que l'Allemagne a économisé et gagné dans cette guerre économique menée avec un savoir-faire tout commercial peut se chiffrer encore à six ou sept nouveaux millions de marks par jour, de telle sorte que le bénéfice global que l'Empire allemand a réalisé derrière son front occidental depuis le commencement de la guerre peut être estimé à plus de deux milliards de marks.

« Puissante victoire pour l'Allemagne dont elle ménage et accroît ainsi la force économique ! Ecrasante défaite pour l'ennemi dont elle épuise toute la productivité financière dans les territoires qu'il a perdus à notre profit (1)! »

Il n'y a rien à ajouter à cet aveu cynique, qui vaut le plus violent réquisitoire qu'un Français pourrait formuler. Que de dettes devra nous payer un jour cette nation de proie !

(1) Doctor Ludwig GANGHOFER, *Reise zur deutschen Front* (Voyage sur le front allemand), *Münchner neueste Nachrichten* du 26 février 1915, cité par DE DAMPIERRE, *L'Allemagne et le Droit des gens*, p. 182.

CHAPITRE X

La Guerre maritime

Dans la guerre sur mer, comme dans la guerre sur terre, « les belligérants n'ont pas un droit illimité quant au choix des moyens de nuire à l'ennemi » ; et à part le droit de prise, l'emploi de la violence est soumis aux mêmes règles.

La Déclaration de Paris du 15 avril 1856 a aboli la course. La Convention de Genève a été étendue à la guerre maritime aux Conférences de La Haye de 1899 et 1907. Enfin, la Conférence navale de Londres du 26 février 1909, complétant la Convention de La Haye de 1907, a achevé de réglementer le droit de prise : les bateaux de pêche côtière en sont exempts ; en cas de force majeure, une prise ennemie peut être coulée, mais l'équipage doit être traité comme un ennemi que l'on désarme ; un navire neutre ne peut être saisi après visite que dans certains cas ; une fois saisi, il ne peut être détruit que s'il mettrait en danger le navire capteur et après que son équipage a été transbordé.

On sait comment l'Allemagne a systématiquement méconnu ces principes qu'elle avait signés, et cela dès le début des hostilités et surtout depuis sa guerre sous-marine à outrance.

Les juristes allemands n'avaient cependant jamais émis sur la conduite de la guerre maritime d'opinion contraire aux règles universellement admises. Il n'en est pas de même des milieux militaires. D'accord en cela avec leur conception de la guerre sur terre, ils voulaient faire une guerre maritime sans merci, faire régner la terreur sur la mer.

Voici le cas qu'ils font des dispositions de la Déclaration de Londres du 26 février 1909 :

« Elles ont été prises dans l'intérêt des neutres et du commerce des neutres, qui s'est efforcé naturellement de ne pas laisser enchaîner son trafic lucratif par les belligérants. Mais pour nous, ce serait nous enlever une des armes les plus puissantes dont nous puissions nous servir dans une guerre avec l'Angleterre : la destruction sans aucun égard de l'importation anglaise. L'Angleterre est complètement liée à l'étranger pour son ravitaillement. Si l'arrivée des vivres est arrêtée ou même sérieusement gênée, la famine la plus affreuse se produira dans les Iles Britanniques.....

« En outre, elles contredisent aussi l'essence de la guerre moderne qui, comme cela a déjà été dit, a lieu entre peuples, et par conséquent, doit donner le droit de frapper l'ennemi en totalité.....

« On voit donc que la guerre indirecte s'ajoutant

aux opérations proprement dites, peut, surtout pour nous, avoir une énorme importance sur l'issue générale de la guerre. Jamais nous ne devons laisser restreindre vis-à-vis de l'Angleterre les droits de prise et de contrebande. Bien plus, ces droits sont, avec notre grande et puissante flotte marchande, un de nos meilleurs procédés de guerre (1). »

Bernhardi conseille à l'Allemagne de commencer la guerre maritime sans déclaration de guerre, car, d'après lui, l'Angleterre n'hésiterait pas à le faire :

« Il sera d'une bonne méthode, surtout au début d'une guerre et en pleine paix (s'il n'y a pas d'autre moyen de prendre l'avantage) d'attaquer l'ennemi par les torpilleurs et les sous-marins, et de lui infliger des pertes inattendues (2). »

« Nous pouvons nous attendre à chaque instant à être attaqués par surprise, même en pleine paix. L'histoire démontre ce que l'on peut attendre des Anglais sous ce rapport...

« En outre, la guerre russo-japonaise a fourni un exemple typique de moderne déclaration de guerre. L'Italie a fait de même en attaquant à l'improviste la Turquie. Des vaisseaux turcs sans défense furent assaillis et combattus par les Italiens (3). »

La marine allemande devra détruire impitoyablement toutes ses prises : « Nous devrons entreprendre

(1), Bernhardi, *La Guerre d'aujourd'hui*, t. I, p. 399.
(2) Bernhardi, *La Guerre d'aujourd'hui*, t. II, p. 443.
(3) Bernhardi, *L'Allemagne et la prochaine guerre*, p. 244.

la campagne contre le commerce anglais avec audace, énergie, par une surprise foudroyante.

« Il faudrait aussi que les prises tombées en nos mains fussent impitoyablement détruites ; en effet il sera, la plupart du temps, impossible de les mettre en sûreté sans exposer nos propres vaisseaux aux plus grands dangers, à cause de l'écrasante supériorité de la flotte britannique, et des rares bases navales que nous possèdons à l'étranger. Il faudrait aussi agir énergiquement contre les navires neutres transportant de la contrebande (1). »

L'Allemagne n'hésitera pas à revenir à la guerre de course abolie depuis soixante ans, et à ruiner le commerce ennemi plutôt par des destructions que par des prises :

« On fera bien de faire intervenir la guerre de course de bonne heure et à l'improviste autant que possible. Si l'adversaire nous a devancés, il aura mis ses propres croiseurs en campagne et protégé ses propres vaisseaux de commerce. Les premiers succès et les plus importants ne pourront être remportés que par surprise.

« Cette guerre doit être menée *sans merci*, car ce n'est que par les pertes matérielles qu'elle inflige qu'elle peut inspirer à la flotte de commerce la peur nécessaire, et l'on pourra de cette manière faire plus de mal que par des prises véritables. *Il faut faire régner sur mer une espèce de terreur*, qui fasse fuir le

(1) Bernhardi, *L'Allemagne et la prochaine guerre*, p. 162.

personnel de commerce dans la sécurité de ses ports. En général, on transporte ses prises dans ses ports les plus rapprochés, et l'on ne les détruit qu'en cas de nécessité, comme d'ailleurs le prévoit la déclaration de Londres. Mais le parti qui ne possède que peu de points d'appui maritimes dans les mers étrangères sera très souvent dans l'obligation de se mettre dans cette nécessité, et fera bien d'anéantir immédiatement les vaisseaux ennemis capturés.

« Quant aux neutres qui font la contrebande, on leur fera en général rapidement leur procès (1). »

Il n'y a donc pas plus d'imprévu dans la guerre que l'Allemagne nous fait sur mer que dans la guerre qu'elle nous fait sur terre.

Cette nation nous a montré pendant le premier Empire qu'elle était servile dans la défaite; et en 1814, 1870 et 1914 qu'elle était arrogante dans la victoire. Elle ne croit qu'à la force : à l'intérieur, toute puisssance de l'État ; à l'extérieur, la raison de l'État le plus puissant ; et elle ne s'inclinera que devant notre force.

Son Droit des gens d'avant la guerre actuelle était une extraordinaire déformation du Droit des gens des nations civilisées. La guerre actuelle nous a prouvé qu'il n'était que le Droit de la force, le « Faustrecht » ou Droit du poing, le seul que cette race ait jamais pu comprendre.

Ne l'oublions pas au jour prochain de la victoire.

(1) Bernhardi, *La Guerre d'aujourd'hui*, t. II, p. 443.

Le peuple allemand, pour nous apitoyer, essaiera alors de se faire passer pour la victime de son Kaiser et de sa caste militaire.

Ne le croyons pas. Il ne fera que les renier parce qu'ils n'auront plus la Force.

Aujourd'hui encore, comme avant la guerre, Kaiser, caste militaire, peuple allemand, tout cela ne fait qu'un ; et notre Force devra tout écraser pour rendre pareille agression à jamais impossible, pour assurer la paix à nos enfants.

BIBLIOGRAPHIE

KLÜBER. Droit des gens moderne de l'Europe, édition de Ott. Paris, 1861.

LÜDER. Landkriegsrecht (Droit international public). Berlin.

BLUNTSCHLI. Le Droit international codifié, traduction de Lardy. Paris, 1881.

LIEBER. Instructions de 1863 pour les armées en campagne des Etats-Unis d'Amérique (annexe au précédent).

HEFFTER. Le Droit international de l'Europe, édition de Geffken. Berlin-Paris, 1883.

Von NEUMANN. Eléments du Droit des gens moderne européen, édition de de Riedmatten. Paris, 1886.

Von HOLTZENDORFF. Eléments de Droit international public, traduction française. Paris, 1891.

Von TREITSCHKE. Politik-Vorlesungen gehalten an der Universität zu Berlin (Politique-Conférences faites à l'Université de Berlin). Leipzig, 1899.

Von CLAUSEWITZ. Vom Kriege (De la guerre). Berlin, 1832.

Von HARTMANN. Militärische Notwendigkeit und Humanität (La Nécessité militaire et l'humanité). Deutsche Rundschau, t. XIII, XIV. Berlin, 1877-1878.

MORITZ BUSCH. Graf Bismarck und seine Leute (le Comte Bismarck et son entourage). Berlin, 1879.

Correspondance militaire du maréchal de Moltke. Paris-Limoges, 1900.

Von BERNHARDI. Vom heutigen Kriege (La Guerre d'aujourd'hui), 1911, traduction française. Paris, 1913.

Von BERNHARDI. Unsere Zukunft, ein Mahnwort an das deutsche Volk (Notre avenir, un mot d'avertissement au peuple allemand), 1912, traduction française. Paris, 1915.

Von Bernhardi. Deutschland und der nächste Krieg (L'Allemagne et la prochaine guerre), 1913, traduction française. Paris-Lausanne, 1916.

Nicolaï Hein. Der Infanterie Leutnant im Felde (Le Lieutenant d'infanterie en campagne). Berlin, 1912.

Kriegsbrauch im Landkriege (Les Lois de la guerre continentale, publication de la section historique du Grand Etat-Major allemand), 1902, traduction française de Paul Carpentier. Paris, 1916.

Wuttke. Die sittliche Bedeutung des Krieges (Le Sens de la guerre et la civilisation). Evangelische Kirchenzeitung, 1867.

Lasson. Das Kulturideal und der Krieg (Guerre et Civilisation) 1868.

Otto Richard Tannenberg. Gross-Deutschland (La plus grande Allemagne), 1911, traduction française. Paris, 1916.

Frymann. Wenn ich der Kaiser wäre (Si j'étais l'Empereur). Berlin, 1912.

J'accuse, par un Allemand. Paris, 1915.

Die Heimat grüsst, Weihnachts-Almanach für die kruppschen Werksangehörigen im Felde (Un bonjour du pays, Almanach de Noël pour les ouvriers des Usines Krupp aux armées). Essen, 1916.

Colonel Wilhelm Rüstow. Kriegs politik und Kriegsgebrauch. Zurich, 1876.

Journaux. Die Zukunft (Berlin), Die Kölnische Zeitung (Cologne), Neue freie Presse (Vienne), Der Berliner Tageblatt (Berlin). Münchner neueste Nachrichten (Munich).

Pensées de Pascal, édition Harvet.

Mirabeau. Histoire de la Prusse.

Lieutenant Robert Jacomet. Les Lois de la guerre continentale. Paris, 1912.

Service des armées en campagne. Paris, 1913.

Les Violations des lois de la guerre par l'Allemagne, publication faite par les soins du Ministère des affaires étrangères, tome I. Paris, 1915.

De Dampierre. L'Allemagne et le Droit des gens, tome I. Paris, 1915.

Lavisse et Andler. Pratique et doctrine allemandes de la guerre. Paris, 1915.

Andler. Les Usages de la guerre et la doctrine de l'Etat-Major allemand. Paris, 1915.

Jacques Flach. Le Droit de la force et la force du droit. Paris, 1915.

Jacques Flach. Essai sur la formation de l'esprit public allemand. Paris, 1915.

Le Manifeste des Kulturkrieger, publication du journal des économistes. Paris, 1915.

Livre jaune français, 1914.

Livre bleu anglais, 1914.

Le Livre rouge. Les Atrocités allemandes (Rapport officiel présenté le 7 juin 1915 au Président du Conseil). Paris, 1915.

TABLE DES MATIÈRES

Dijon. — Imp. Ve Paul Berthier

www.ingramcontent.com/pod-product-compliance
Ingram Content Group UK Ltd.
Pitfield, Milton Keynes, MK11 3LW, UK
UKHW022112260726
13993UKWH00001B/467